Herausgeber:

Naturschutzzentrum Wengleinpark e. V.

Ökostation des Bundes Naturschutz

Gefördert von:

Bayerischer Naturschutzfonds
Stiftung des Öffentlichen Rechts

pfeiffer medienhaus

Verlag u. Medienservice GmbH & Co. KG

Idee & Konzept: Karl Heinlein | Idee, Layout & Fotografie: Horst Lößl | Text & Recherche: Hans Treuheit
Wissenschaftliche Grundlagen: Dr. Andreas Hemp | Satz & Gestaltung: Karina Weigmann, Pfeiffer Medienfabrik GmbH & Co. KG

ISBN: 978-3-927412-33-0

Hersbrucker Alb

WILDE ALB

Naturschutz durch
Tun und Nichttun

Karl Heinlein

WORTE ZUVOR

Die Hersbrucker Alb ist Teil einer von 30 Hotspot-Regionen der Biodiversität in Deutschland, mit einer besonders hohen Dichte charakteristischer Arten, Populationen und Lebensräumen. Gründe hierfür sind: Die Vielfalt landschaftlicher und geologischer Erscheinungsformen der kleinteiligen Schichtstufenlandschaft, die Nutzungsgeschichte und die Steillagen am Albtrauf. Und: Es gab in den letzten 100 Jahren immer wieder Menschen, die sich konsequent und dauerhaft für den Naturschutz einsetzten und eigene, praxisgerechte Wege gingen.

Als erster ist hier Carl Wenglein (1882-1935) zu nennen, der 1930/31 das 5 Hektar große Carl-Wenglein-Naturschutzgelände bei Eschenbach geschaffen hat, nicht nur „um der Bevölkerung zu zeigen, wie man Naturschutz betreibt, sondern dass auch die großartige Wildnis selbst erhalten bleibt".

Pionier des praktischen Naturschutzes war Michael Roiger (1892-1987), der bereits 1927 öffentlich die Einrichtung eines „Ausschusses für Naturschutzmaßnahmen" im Bezirk Hersbruck forderte. Roiger war Jurist am Amtsgericht Hersbruck und Gegner der Nationalsozialisten. Kurz nach deren Machtübernahme 1933 wurde er aus dem Staatsdienst entlassen. Im September 1945 setzten die Amerikaner, auf Vorschlag von Kirchenvertretern, Michael Roiger als Landrat des Kreises Hersbruck ein. 1946 hat unter seiner Leitung ein „Ausschuss für Natur- und Heimatschutz" ein Konzept für ausgewählte Kultur- und Naturdenkmäler, Hecken und Hutanger beschlossen. In den fast 19 Jahren als Landrat setzte Roiger dieses Schutzkonzept weitgehend in die Praxis um; darüber hinaus wurden Landschaftsschutzgebiete ausgewiesen. Er war ein Politiker und Naturschützer, der das Leben und den Menschen zum Maßstab seines Handelns gemacht hat. Die Bevölkerung brachte ihm über den Respekt hinaus Zuneigung entgegen. Heute wird er weitgehend „beschwiegen".

Von Naturschutzbildung bis Regionalentwicklung
Auf Initiative von Michael Roiger und Hans Zeisler (1905-1986; Leiter der Bund Naturschutz-Kreisgruppe Hersbruck/Nürnberger Land) gründeten 1976 Vertreter von Vereinen und Behörden sowie im Naturschutz engagierte Bürger - vom Arbeiter bis zum Professor - den Arbeitskreis Naturschutz Hersbruck. Ziel war die Erhaltung und Entwicklung der naturnahen Kulturlandschaft der Hersbrucker Alb. Auf der Agenda standen vor allem praktischer Artenschutz und Landschaftspflege, Naturschutzforschung, Flächenankäufe sowie Bildungs- und Öffentlichkeitsarbeit. 1985 entstand das kooperative Hutangerprojekt, das noch heute lebendig ist. Aus dem Arbeitskreis gingen 1987 die Ortsgruppe Hersbrucker Land des Bund Naturschutz und das Naturschutzzentrum Wengleinpark hervor.

Unser Naturschutzzentrum wurde 2003 ein eigenständiger Verein und Ökostation des Bundes Naturschutz in Bayern. Seine vielfältige Arbeit ist geprägt durch ein Sowohl-als-Auch, ein Nebeneinander von Theorie und Praxis, Professionalität und ehrenamtlichem Engagement, Schutz und Nutzung,

„Naturschutz muss in der Tat aus einer neuen Perspektive gesehen werden. Wir brauchen die Natur. Nicht sie uns!“

Prof. Frederic Vester (1925-2003)

Kooperationsbereitschaft, Landschaftspflege und Erhalt von Wildnis. Kein Entweder/Oder, sondern Natur und Kultur, Tun und Nichttun!

Natürlich ist die „klassische“ Umweltbildung für Kinder und Jugendliche geboten, dennoch darf die Verantwortung nicht nur auf die nächste Generation abgeschoben werden. Am Umgang mit Natur und Landschaft muss sich im Hier und Jetzt etwas ändern. Zielgruppen sind deshalb wichtige Landnutzer wie die Land- und Forstwirtschaft oder die sogenannten „Natursportarten“. Dabei ist uns wichtig, Andersdenkende nicht auszugrenzen, sondern auf der Grundlage von Respekt und Anerkennung einen offenen Diskurs auf Augenhöhe zu führen. Wir wollen uns auf das konzentrieren, was verbindet und gemeinsame Projekte ermöglicht.

In den 90er Jahren wurden z.B. regionale Netzwerke aufgebaut, mit der Gemeinschaft landwirtschaftlicher Direktvermarkter, mit einer Bio-Streuobstinitiative, mit Heimat auf´m Teller und Holz aus der Frankenalb. Das Naturschutzzentrum war ein Pionier des Regionaltages (dem späteren Tag der Regionen); 2007 erfolgte die Gründung des Grünen Zentrums für Wald, Landwirtschaft und Naturschutz, eine Kooperation mit Maschinenring und Forstbetriebsgemeinschaft. (Infos unter www.naturschutzzentrum-wengleinpark.de, www.hutanger.de, www.hutangerblog.de)

Statt den Begriff Natur inflationär und, wie häufig in der Fremdenverkehrswerbung, nur als Kulisse für „Genuss“ und „Action“ zu verwenden, sollte es heute darum gehen, wertvolles Kapital der Natur zu bewahren. Mit Wilde Alb bezeichnen wir die unbedingt schutzwürdigen, weitgehend ungezähmten und sich selbst entwickelnden Bereiche in ihrer lebendigen Vielfalt, die es inmitten unserer Kulturlandschaft tatsächlich noch gibt oder wieder geben soll. Die Bilder im vorliegenden Buch führen uns viel davon vor Augen, in den Texten muss auch manches Kritische dazu angesprochen werden.

Vor 40 Jahren: (von links) Karl Heinlein, Altlandrat Michael Roiger, Hans Zeisler

Inhalt

BayernNetzNatur-Projekte:

„Die Natur fordert ihren Zehnten in Gestalt von Angern, Rainen und Hecken“

Michael Roiger

Biotopverbund am Albtrauf

Weide-Wald-Wildnis-Verbund

Gesamtfläche aktuell ca. 200 Hektar
2/3 davon nutzungsfreie Wälder

Rote Linien umranden das Projektgebiet Albtrauf
Gelbe Punkte markieren die Naturschutzflächen des Biotopverbundes

Kartengrundlage:
Bayer. Landesvermessungsamt
topographische Karte 1:25.000

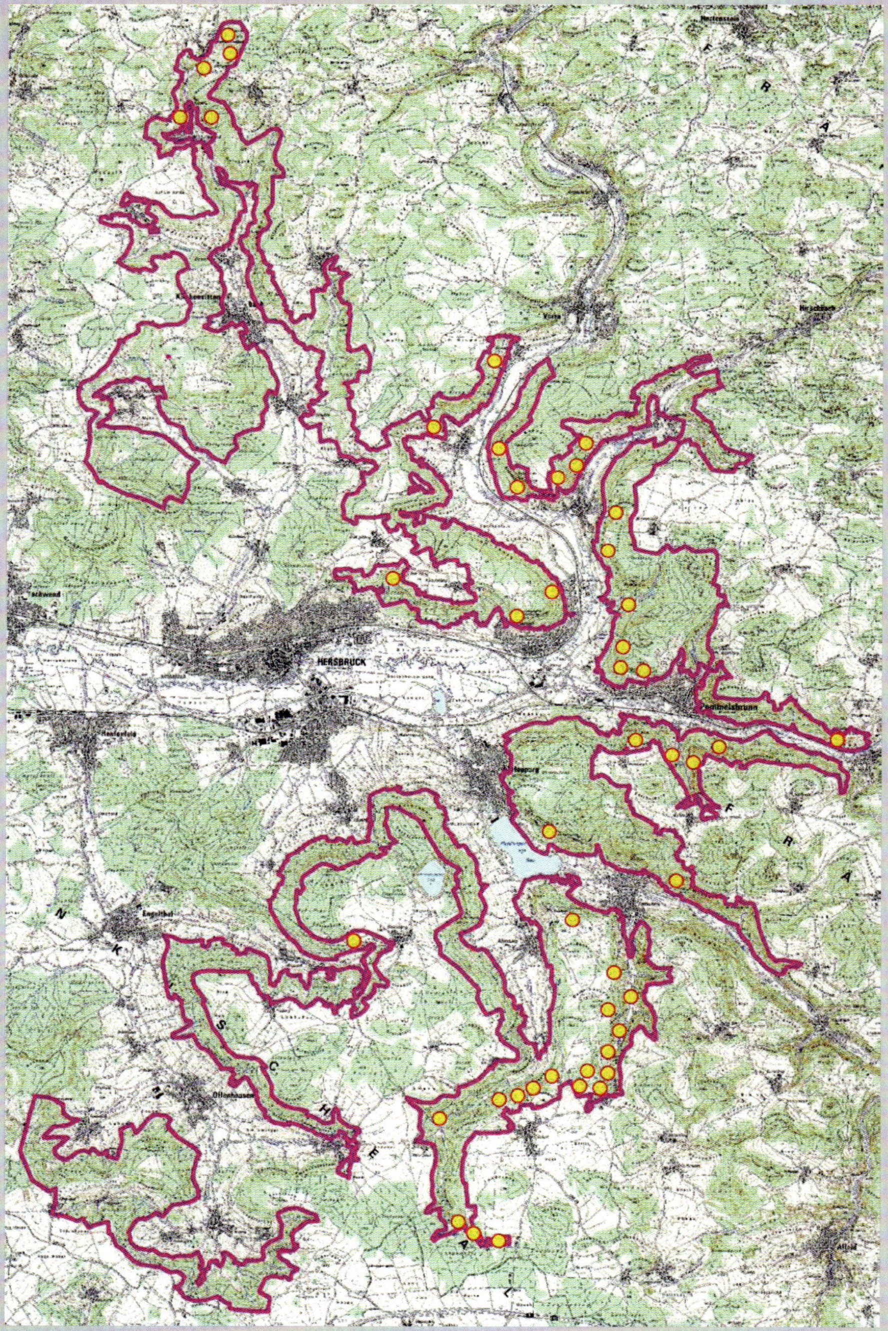

Hutanger <
> > > Blockhalden
> > > Naturnahe Wälder > > >
< < Dolomitkiefernwälder

Tier- und Pflanzenarten sind auf für sie spezifische Lebensräume (Biotope) angewiesen. In der heutigen Kulturlandschaft kommen diese Biotope aber nicht mehr überall vor, sondern sind wie mehr oder weniger große Inseln in der Landschaft verteilt. Diese Inseln wieder miteinander zu verbinden, z.B. um Wanderung und Austausch der Arten zu fördern, ist Ziel eines Biotopverbundes.

Wichtig ist aber auch, dass die dazwischen liegenden Flächen, wie forst- und landwirtschaftliche Flächen, Freizeit- und Erholungsflächen, nachhaltig und naturverträglich genutzt werden.

Zur Realisierung eines bayernweiten Biotopverbunds werden seit 1986 BayernNetz-Natur-Projekte umgesetzt. Grundprinzip bei BayernNetzNatur ist die Freiwilligkeit aller Maßnahmen und der kooperative Ansatz. Das entspricht auch den Grundsätzen der praktischen Naturschutzarbeit des Naturschutzzentrums.

In drei BayernNetzNatur Projekten hat das Naturschutzzentrum, gefördert vom Bayerischen Naturschutzfonds aus Mitteln der GlücksSpirale, mit dem Aufbau eines Weide- und Biotopverbundes zur Erhaltung der landschaftstypischen und bundesweit bedeutsamen Lebensräume in der Hersbrucker Alb begonnen.

Ziel ist es, die besonders wertvollen Bereiche, bei denen es sich teilweise um FFH- und Naturschutzgebiete handelt, mit einander zu vernetzen, um Isolation und Aussterben bedrohter Tier- und Pflanzenpopulationen zu verhindern. Dies erfolgt in mehreren Phasen, die aufeinander aufbauen.

Im Projekt **Hutanger in der Hersbrucker Alb – Biotop- und Weideverbund** (2004 – 2008) wurde ein erster Biotop- und Weideverbund auf alten Hutungsflächen aufgebaut und die extensive Rinderweide wieder eingeführt.

Beim **Albtraufprojekt Hersbrucker Alb – Biotopkomplex Blockhalden** (2010 – 2015) wurde dieser Verbund um die offenen Blockhalden und ihren Übergangsbereichen zu den angrenzenden Wäldern ergänzt.

Das derzeit laufende Projekt **Albtraufprojekt Hersbrucker Alb – Naturnahe Wälder** (2016 – 2021) widmet sich der Minderung des zunehmenden Nutzungsdruckes in den schwer zugänglichen Edellaubholz- und Blockhaldenwäldern des Albtraufes und der Erweiterung des Biotopverbundes.

In der geplanten nächsten Projektphase soll es um die **Dolomitkiefernwälder und Trockenrasen der Kuppenalb** (FFH-Gebiet) gehen, die in den letzten 30 Jahren über 70 Prozent ihrer Fläche einbüßten und drastische Verluste ihrer Steppenflora mit Bläulicher Sommerwurz, Sandstrohblume und zahlreichen Orchideen erlitten.

Hersbrucker Alb Wilde Alb Wertvolle Alb

Der Reiz der Hersbrucker Alb liegt in ihrer einzigartigen Mischung aus wilder und gezähmter Naturschönheit. Herausragende Merkmale der kleinstrukturierten Landschaft der Alb sind zum einen der überaus große Reichtum an Felsriffen in der markant ausgebildeten Dolomitkuppenalb mit ihren lichten Steppenheidekiefernwäldern und Trockenrasen.

Zum anderen stellen die Blockhalden am Albanstieg, dem „Albtrauf“ mit ihren ausgedehnten Schluchtwäldern und offenen Kalkschuttfluren eine große Besonderheit dar.

Ausgedehnte Feuchtflächen mit Flutmulden, Flachmooren, Feuchtwiesen und Hochstaudenfluren im Pegnitztal zeugen darüber hinaus von einer bemerkenswert naturnahen Flussdynamik.

Dem großen Reichtum an landschaftlichen und geologischen Erscheinungsformen entspricht eine außerordentliche Fülle in Vegetation und Flora, die eine Vielzahl von Pflanzengesellschaften mit über 1000 Pflanzenarten umfasst (darunter über 100 Rote-Liste-Arten) und die Hersbrucker Alb damit zu einer der abwechslungsreichsten und vielgestaltigsten Landschaften Deutschlands macht.

Viele wertvolle Lebensraumtypen der Hersbrucker Alb verdanken ihre Entstehung menschlicher Nutzung und Einwirkung, die teilweise, wie im Fall der Dolomitkiefernwälder, mehrere Jahrtausende zurückreicht, in den letzten Jahrzehnten aber zum Erliegen gekommen ist.

Auch die ehemals waldfreien Hutanger mit ihrer reichen Tier- und Pflanzenwelt sind Zeugen dieser langen Nutzungstradition, die heute brachliegen und verbuschen, soweit sie nicht im Rahmen des Hutangerprojektes wieder gepflegt und beweidet werden. Damit verschwindet nicht nur ein landschaftsprägendes Kulturgut der Hersbrucker Alb, mit der Veränderung von Vegetationsstruktur und Erscheinungsbild der Hutanger und lichten Kiefernwälder geht vielmehr auch der Verlust des Lebensraumes licht- und wärmeliebender Tier- und Pflanzenarten einher.

PD Dr. Andreas Hemp
Botaniker, Universität Bayreuth

Wilde-Alb-Schwerpunktflächen

Talaue nördlich Neuhaus mit Feuchtflächen

Dolomitkiefernwälder

Albtrauftäler mit Blockhalden und Edellaubholzwäldern

Hutanger

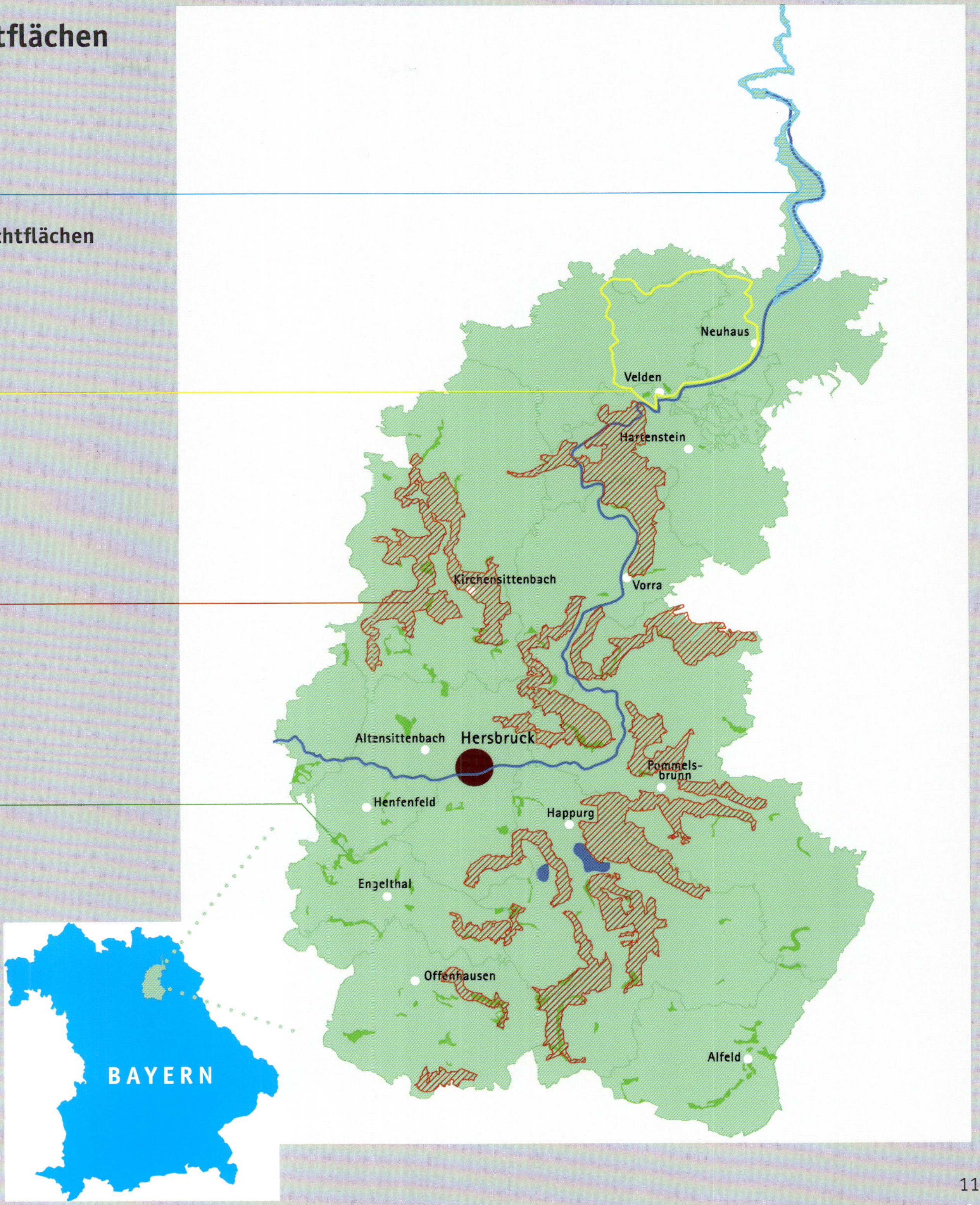

Hersbrucker Alb

WILDE ALB

Wilde Alb?

Reißende Flüsse, hohe Berge, dazu gefährliche Tiere – Wildes in diesem Sinn hat die Alb nicht zu bieten, wohl aber eine Vielzahl an Wildpflanzen und wild lebenden Tieren in einer in weiten Bereichen naturnahen Kulturlandschaft. Es ist das Anliegen des Naturschutzzentrums, dieses Wilde zu erhalten.

Der Grund der Wilden Alb liegt im Meer ...

... nämlich im flachen, warmen Tethys-Meer, das einst das heutige Mitteleuropa bedeckte. Die Schichtstufen der Fränkischen Alb wurden durch Abtragungen aus unterschiedlich harten Jura-Sedimenten geformt, die sich vor unvorstellbar fernen Zeiten – gut 150 Millionen Jahre sind eine grobe Marke dafür – am Meeresboden ablagerten. Schichten des Lias und des Unteren Doggers (Opalinuston) bilden das Albvorland, Mittlerer und Oberer Dogger (Eisensandstein und Ornatenton) sowie Unterer Malm den Albanstieg mit zwei Steilstufen. Die Hochfläche schließlich besteht aus Malmkalken und Dolomiten, stellenweise mit kreidezeitlichen und quartären Überdeckungen. Hinzu kommen geologisch-tektonische Besonderheiten der Pegnitzalb: Ein Riff trennte einst eine lehmreiche Fazies im Nordwesten (Weismain-, Wiesentalb) von der mergelarmen Pegnitzalb im Südosten. Dies erklärt die Beschränkung von Blockhalden mit ihrer besonderen Vegetation auf den Hersbrucker Albtrauf.

Im Schmuck der Wiesen und Wälder, Steilabbrüche und Felswände bietet die Hersbrucker Alb eine vielgestaltige Landschaft; sie verbindet über Grenzen von Regierungsbezirken hinweg und erstreckt sich vom südlichen oberfränkischen Randgebiet über das östlichste Mittelfranken hinein in die Oberpfalz, wo sich der Jura nach Süden fortsetzt. Von vielen Naturfreunden aus den nicht fern gelegenen großen und mittelgroßen Städten wird sie als eine Art zweite Heimat geschätzt.

Wildheit in der Kulturlandschaft

Die Hutanger zeugen mit ihrem reichen Tier- und Pflanzeninventar davon, wie eine alte Form der Weidewirtschaft das Überleben des Wilden ermöglichte. Auch die seltenen und wertvollen Dolomitkiefernwälder sind unter menschlicher Einwirkung entstanden. Die Pegnitz und viele Seitenbäche fließen im Oberlauf noch so gut wie natürlich, charakteristische Blockhalden und die darüber thronenden Felsköpfe werden kaum betreten.

Nicht, indem er sie vordergründig pflegte, erhielt der Mensch die wilde Natur über viele, viele Generationen hinweg. Er bot ihr einen Lebensraum, den sie wohl vorher zum Teil ohne sein Zutun besaß, als noch Herden von Pflanzenfressern durch die Alb zogen. Die Harmonie von Kultur- und Naturlandschaft ist jedoch im Verklingen. Wald, Flur und Landschaftsbild werden durch veränderte Nutzungsformen „aufgeräumt“, Hänge und Waldränder wachsen mit Büschen zu, weil die Beweidung fehlt. Einzigartige Naturschätze, der Lebensraum licht- und wärmeliebender Tier- und Pflanzenarten droht zu schwinden, wenn wir nicht gestaltend eingreifen und für ein ausreichend komplexes Netzwerk geeigneter Wiesen- und Waldflächen Sorge tragen. Naturschutz kann nämlich, nachdem der Mensch über Jahrtausende prägend eingewirkt hat, ganz und gar nicht heißen, überall das Weitere „dem allgemeinen Entwicklungsgang“, der natürlichen Sukzession zu überlassen. Die Kunst im Landschafts- und Naturschutz besteht allerdings gerade darin, das Notwendige zu tun, zugleich aber alles andere zu unterlassen – griffig formuliert also im „Tun und Nicht-Tun“.

Die Bedeutung und die Schönheit des Wilden erschließen sich erst genauerem Hinsehen und Bemühen, wie bei manchem Wertvollen. Wird das Zivilisatorisch-Ökonomische zu sehr in den Vordergrund gestellt, dann wird das Wilde zum Randständigen und letztlich zum Verschwinden verurteilt. Doch noch wahrt die Wilde Alb ihren Zauber, öffnet uns ihre Schatzkästchen. Davon erzählt das vorliegende Buch.

Foto: Lydia Hahn-Lößl

Die Wilde Alb zeigt erhebende Anblicke

Auen, Talgründe mit sprudelnden Bächen, Kuppen mit Naturwald, Wiesen, Schluchten und Felsen. Noch immer bewahrt sie eine einzigartige Pflanzen- und Tierwelt.

Geschenke der Natur

Gaben der Natur darf man wie Geschenke entgegen nehmen. Man muss aber auch entscheiden, was aus dem werden soll, was einem da zugefallen ist. – Nicht zuletzt in Gesprächen mit Menschen, die von andernorts her die Alb besuchen, kann uns das Besondere der heimatlichen Wilden Alb richtig klar werden. Wie wollen wir künftig dauerhaft mit dem großzügigen Geschenk der Wilden Alb umgehen?

Hecken sind als „aneinandergeheftete Waldränder" für viele Lebewesen sowie als Verbindungselemente zwischen Biotopen äußerst wichtig. Ebenso braucht die Wilde Alb alte Bäume und Totholz.

„Wenn einem nicht ein wunderbares Bild in der Seele fehlen soll ...",

... dann müsse man bestimmte Landschaften gesehen haben, meinte Wilhelm von Humboldt, der große Reisende und Naturforscher des frühen 19. Jahrhunderts.

Dazu muss nicht in die Ferne geschweift werden. Gerade in der Wilden Alb zeigt sich, wie Landschaft und Seele korrespondieren – unbeschadet dessen, dass keiner der beiden Begriffe exakt zu erfassen ist ...

Malmkalke mit Dolomitfelsen darüber trotzen am „Albtrauf" durch ihre Härte den Erosionskräften von Wetter, Wasser und Wind. Hier halten sich vielerorts naturnahe Wälder und wenig auffällige, aber besondere Pflanzen, die Lebensraum für Insekten und andere kleine Lebewesen bieten.

Harmonie, Miteinander – und starker Zuspruch

Der Blick fällt vom Jungfernsprung aus aufs Massiv der Houbirg, welches von Wolken umspielt über dem Happurger Stausee emporsteigt. Obwohl keine sechzig Jahre alt, scheint der See wie von jeher dazu zu gehören. Er ist so beliebt, dass die vielen Besucher, und ganz besonders ihre Fahrzeuge, immer wieder auch zum Problem werden.

Die Wälder der Wilden Alb

Immer wieder gönnt uns die Wilde Alb solche wunderbaren Blicke durch Mischwald, je nach Jahreszeit mit jeweils anderen Reizen. Die naturnahen Wälder bilden ein komplexes Gefüge von hohem Wert, auf das sich unterschiedlichste Interessen und Wünsche richten. In letzter Zeit zeigen sich neue, klimatisch bedingte Herausforderungen, die nicht leicht zu bewältigen sind.

Die Hohenstädter Geißkirche – Blockhalden über der Pegnitz

Ein wichtiger Lebensraum für seltene Heuschreckenarten, für Echsen und Schlingnatter. Zwischen Felsblöcken, die nur im Schattenbereich Moos ansetzen, treiben Heilwurz und Steinbrech hervor. Der Name verrät, dass in den steilen, steinigen Flanken einst Ziegen weideten.

Sie waren oft im Besitz der Gemeindehirten, die sich größeres Vieh nicht leisten konnten. Auch Spuren vorgeschichtlicher Besiedlung fanden sich hier.

Die Houbirg, Ort der Geschichte und Naturparadies

Mit steilen Blockhalden steigt die seit Jahrtausenden von Menschen besiedelte Erhebung am Rand der Alb auf gut 600 Meter Höhe auf. Spuren einer riesigen, 2500 Jahre alten keltischen Wallanlage ziehen sich um die Gipfelfläche. Um ein Vielfaches ältere Artefakte der Steinzeit sowie Knochenreste von Bären, Hyänen und Wollnashörnern wurden an den mächtigen, höhlenreichen Dolomitfelsen beim Hohlen Fels entdeckt.

Die Kalkaster und das Immergrüne Felsenblümchen blühen in diesem Naturparadies, in dem vom Sommer 1944 bis April 1945 Zwangsarbeiter des KZ-Außenlagers Hersbruck vor Bombardierung geschützte Produktionsstätten für die Kriegswirtschaft in die Doggerschicht unter der vierzig Meter dicken Dolomit-Gipfelplatte graben mussten. Tausende junge Männer aus vielen Nationen wurden dabei zu Tode geschunden.

Mehr zur Geschichte der Houbirg und zu Funden aus den umliegenden Albgebieten erfährt man im sehenswerten Vorgeschichtsmuseum „Urzeitbahnhof" im alten Bahnhofsgebäude von Hartmannshof.

Im Molsberger Tal

Tief unten glitzern silbern Quellen und der Molsbach, hoch hinauf weiden Rinder in steilen Blockhalden. Verhalten klingen die Geräusche der Natur in diesem Tal ohne Straßen, das mit seinen Hangschluchtwäldern ein Juwel der Alb darstellt.

Hier leben Feuersalamander und Zweigestreifte Quelljungfer, eine große, gefährdete Libellenart, die saubere, kleine Fließgewässer braucht. Mit dem frühen Abend beginnt die Insektenjagd zahlreicher Arten von Fledermäusen, die hier noch in großer Zahl leben.

HUTANGER

Kulturgut und Lebensraum – deutschlandweit einmalig

Hutanger sind historisch gewachsene Weideflächen, früher in Form der Allmende, also von der gesamten Dorfgemeinschaft genutzt und typisch für das Nürnberger Land. Hut bezieht sich aufs Hüten der Tiere, Anger kommt aus dem Althochdeutschen, wo es ungepflügtes, wildgrünes Grasland bedeutet.

„Hutanger sind ein wesentlicher Bestandteil unserer historischen Kulturlandschaft, ein Kulturerbe. Sie entwickelten sich aber auch zu wertvollen Lebensräumen für den Arten- und Biotopschutz, und damit zu einem wichtigen Naturerbe."

Karl Heinlein,
Vorsitzender des
Naturschutzzentrums

„Noch gibt es rund 120 Hutanger mit einer Gesamtfläche von ca. 500 Hektar in der Hersbrucker Alb. Durch ihre netzartige Verteilung stellen sie Basiselemente beim Aufbau eines Biotopverbundsystems für den Natur- und Artenschutz in der Region dar."

Rainer Wölfel,
Gebietsbetreuer Hutanger

Das Hutangerprojekt wurde mit Unterstützung des Bezirks Mittelfranken 1985 ins Leben gerufen. Das Naturschutzzentrum führt als Projektträger zusammen mit dem Landschaftspflegeverein Nürnberger Land e.V. und ortsansässigen Landwirten Pflegemaßnahmen durch. Leitziel ist die Erhaltung und Entwicklung der Hutanger als landschaftsprägende Elemente einer naturnahen Kulturlandschaft. Praxisnah soll gezeigt werden, wie sich Naturschutz, wirtschaftliche Nutzung und Gemeinwohl ergänzen. Ökologische und ökonomische Kriterien sowie soziale Verantwortung auch für zukünftige Generationen werden gleichrangig berücksichtigt.

„Extensive, naturnahe Beweidung mit Rindern ist die ökologisch sinnvollste Bewirtschaftungsform, um die Landschafts- und Artenvielfalt in Mittelgebirgen zu erhalten. Damit sich mehr Landwirte für diese Form der Landwirtschaft und der Landschaftspflege begeistern, muss die Förderung dringend aufgestockt werden, die Rinder müssen schon ihr Geld verdient haben, bevor sie zur Schlachtung kommen."

Dipl. Ing. agr. FH
Rainer Wölfel,
Gebietsbetreuer Hutanger
Naturschutzzentrum Wengleinpark

Waldweide

In der jetzt praktizierten Weidewirtschaft stehen Mutterkühe und Kälber auf den Angern. Man verwendet kleine, robuste Rinderrassen, die mit dem relativ mageren Nahrungsangebot zurecht kommen. Das Naturschutzzentrum hält die Rasse der Hinterwälderrinder und kreuzt diese mit Oberpfälzer Rotvieh ein.

Zur Frage der klimatischen Auswirkungen der Rinderhaltung werden oft ganz verschiedene Haltungsformen in einen Topf geworfen. Extensive, nachhaltige Weidehaltung kann das Klima sogar entlasten: Die Kühe erhalten und fördern mit ihrer Weidetätigkeit das Grasland, und das Gras speichert global bilanziert in seinem Wurzelsystem mehr Kohlenstoff als der Wald.

Leben dank Totholz

Buntspecht
Gelbbindiger Zangenbock

In Eichenangern wie in Hinterhaslach leben auch Spechte und Bockkäfer. Insektenfresser finden reichlich Nahrung, denn die Raupen vieler Käferarten sind auf altes und abgestorbenes Holz angewiesen.

Kulturlandschaftliche Höhepunkte

Oft am Waldrand oder auf steinigem, schwer zugänglichem Gelände gelegen, standen die Hutanger dem Ödland näher als den bebauten Kulturflächen. Obwohl die Hirtenkultur verschwunden ist, bleiben die Anger noch lange „grüne Inseln", „Relikte alter Natur inmitten der Kulturlandschaft, herben Duft unberührten Bodens verbreitend.", schrieb im Jahr 1956 der damalige Landrat und Naturschützer der ersten Stunde, Michael Roiger.

Nur wenige Rinder haben wie ich das Glück, in freier Natur auf der Weide grasen zu dürfen. Natürlich muss ich was dafür tun und kann nicht bloß rumstehen.

Liesl, Landschaftspflege-Kuh, Patenkuh der Hersbrucker Zeitung

„Das Maulwerk der Kuh"

Wir Rinder praktizieren eine ganz andere Weidetechnik als Schaf, Ziege oder Pferd. Wir umschließen das Gras mit der Zunge und rupfen es ab. Damit grasen wir nicht so tief ab wie die anderen. Unser „Maulwerk" weist eine andere, deutlich reichhaltigere vegetative Kleinstruktur auf und begünstigt – nachweislich! – die Artenvielfalt.

Die lange Zeit bescheidene, naturnahe Landwirtschaft in der Alb vertrug sich nicht nur mit dem Überdauern vieler Tier- und Pflanzenarten, sondern begünstigte sogar ihren Erhalt. Das zeigen die Hutanger, aber auch Dolomitkiefernwälder, naturnahe Wälder, Streuobstwiesen und Flussauen.

Gemeine Kuhschelle, eine Charakterpflanze der trocken-warmen und stickstoffarmen Weideflächen. Im Frühjahr blühte sie früher zu Tausenden - manchmal auch im Herbst.

Rinderherden als Landschaftspfleger

„Für die Erhaltung der Anger sprechen aber nicht nur wirtschaftliche Gründe. Ihre grünen Bereiche sind Relikte der einstigen Wildnis. Allerlei Pflanzen wachsen darauf, der Duft des Thymians weht darüber, vergangenes Geschehen geistert darin. Kleine Paradiese sind sie, von Menschen nur angeritzt. In ihnen wirkt ungestört die Natur."
Michael Roiger, 1969

Hirtenhandwerk und Hirtenkunst

Das Hüten auf den Hutangern oblag einem Gemeindehirten, Privatweide war dort nicht erlaubt. Das Hirtenwesen entwickelte ein ausgeprägtes Brauchtum mit Volkskunst, wovon man sich im Deutschen Hirtenmuseum Hersbruck einen Eindruck verschaffen kann.

Kunstvoll bemalter Schellenbogen, zum Schmuck, aber auch zur Identifizierung des Rinds. Traditionelles Langhorn aus dem Hersbrucker Land, ein Signalinstrument der Hirten.

Hirte, Heimat, Tradition

Der vieldeutige Begriff Heimat kann genauer mit „starker regionaler Zugehörigkeit" beschrieben werden. Der in seiner Kulturlandschaft agierende Mensch ist wohl das Entscheidende, wenn es nicht beim Schlagwort bleiben soll. Die Hirten sprachen vom Hutanger als „freiem Land",

weil es als Gemeinbesitz für sie zugänglich und nicht in Privatbesitz war. Es musste freilich mit Sachverstand den Regeln entsprechend genutzt werden – das war die Aufgabe der Hirten! Freiheit und Verantwortung sind auch in diesem elementaren Bereich untrennbar verknüpft.

„Die Künstlerin in mir sieht die vielgestaltige, einfach malerische Hersbrucker Alb. Als Leiterin des Hirtenmuseums weiß ich um die einzigartige, bedeutsame Biodiversität der Hutanger und wünschte mir natürlich, wir könnten sie im Museum attraktiver präsentieren."

Ingrid Pflaum,
Hirtenmuseum

„Schön war die Natur und der Umgang mit den Tieren."

Johann von Miller,
letzter Gemeindehirte in Altensittenbach bis 1967

Die Hirten gehörten zu den Ärmsten im Dorf und standen in der Rangstufe deutlich unter den Bauern. Dennoch hatten sie eine große Verantwortung für wertvolles Gut, brauchten ein fundiertes praktisches Wissen in der Tierpflege und zu Tierkrankheiten. Die Gemeinde stellte ihnen ein einfaches Hirtenhaus zur Verfügung, oft nahe dem Ortsrand am täglichen Sammelplatz der Tiere gelegen. In vielen Dörfern ist es noch zu erkennen. Im Bedarfsfall musste es der Hirte mit Armen im Dorf teilen oder sogar Durchreisende aufnehmen, wenn sie dringend einen Übernachtungsplatz brauchten.

„Mut zur Wildnis, das ist auch der Mut zur Selbstbeherrschung. Zum Schauen statt zum Tun. Das Nicht-Einmischen in die ganz anderen. Nichtstun als Naturschutz."

Hubert Weinzierl

„Auch Naturschützer und Forstleute sollten mehr Mut zur Wildnis haben."

Heinz Heinlein
Seit 1976 ehrenamtlich im Naturschutz tätig, Gründer des Hutangerprojekts, langjähriger Vorsitzender der Bund Naturschutz-Ortsgruppe Hersbrucker Land

Die Blindschleiche gehört zu den Echsen. Unterscheidungsmerkmale sind das leichte Abbrechen des Schwanzes bei Gefahr sowie die beweglichen Augenlider.

Wilde Anger im Brennpunkt der Biodiversität

Die Bezeichnungsweise Wilde Anger, insbesondere für den Übergangsbereich zwischen mäßig genutztem Weideland und Wald, wird verständlich durch die überragende Bedeutung für den Artenschutz wilder Tiere und Pflanzen. Das Konzept der Wilden Anger ist Bestandteil eines von Zurückhaltung geprägten Naturschutzdenkens mit nur kleinen, durchdachten Eingriffen, wie beispielsweise zur Bewahrung von Hutbäumen. Es geht um ein Sowohl-als-auch, um Tun und Nichttun.

Altbuche, Anger Breitenbrunn

Eichenanger bieten alten Baumbestand für Mittelspecht und Hirschkäfer, im Obstbaumanger trifft man auf alte Sorten und den Wendehals. Hecken und Gebüsche beherbergen Dorngrasmücke und Neuntöter. Trockenrasenflächen, oft an Steilhängen, sind der Lebensraum für Segelfalter, Schlingnatter, Küchenschelle, Silberdistel, Gefransten Enzian und Brandknabenkraut. Tümpel und Weiher, frühere Viehtränken, halten Gelbbauchunke, Kammmolch und Feuersalamander am Leben.

Heinz Heinlein,
Naturschutzzentrum,
2005 im „Hutanger-Buch"

Eichenanger, Obstanger, Lindenanger ...

Viele auf besondere Standortverhältnisse angewiesene Tier- und Pflanzenarten verlieren ohne Beweidung ihren Lebensraum, denn längere Zeit nicht beweidete Hutanger erobert der Wald zurück. Zur Rettung der Vielfalt des Wilden muss die natürliche Entwicklung, die sogenannte Sukzession, also das Zuwachsen durch Büsche mit anschließender Rückeroberung durch den Wald, aufgehalten oder von Zeit zu Zeit rückgängig gemacht werden – so paradox das im ersten Moment klingen mag.

„Die Hersbrucker Alb – und manch einer ihrer Bewohner - gleicht einem alten Kirschbaum auf einer Streuobstwiese: sie ist fränkisch-knorrig und eigen - und bringt doch die schönsten weißen Blüten hervor."

Ursula Pfeiffer
Verlagsleitung

Der Neuntöter und seine Jungen nähren sich von Insekten. Er hält sich in der Alb oft in frei stehenden Hecken auf, wo er auch gern brütet.

Weideland, Biodiversität, Harmonie

Weidelandschaften zählen zu den artenreichsten Biotopkomplexen. Weidevieh im Grünen mit einzelnen großen Bäumen dazwischen gestreut – das ist für viele Menschen ein ideales Landschaftsbild. Dies spiegeln die „Englischen Gärten" bei den großen Städten wider. Hier wollte man die Natur zurückholen, einen naturnahen Erholungsraum schaffen. Landschaftsmaler des 18. und 19. Jahrhunderts griffen immer wieder Motive der idyllischen, arkadischen Weidelandschaft auf. Der beruhigende Anblick von Weidelandschaften beruht womöglich auf genetischen Ursachen, denn die frühen Menschen könnten nach heutigem Wissen aus der Savanne stammen.

Unser Team am Hutangerhof

Jeder leistet zum Gelingen des Weidehofprojektes seinen Beitrag im Rahmen seiner zeitlichen Möglichkeiten. Alle Beteiligten sind noch auf ihren eigenen Höfen tätig oder haben noch eine zusätzliche Anstellung. Unser Ziel ist es, die nötigen Personalstellen dauerhaft finanzieren zu können.

Andreas Roth
Natur- & Landschaftspfleger, Gebietsbetreuer

Hans Rupprecht
Landwirt, Mutterkuhhalter, Betriebshelfer

Nathan Wolf
Landwirtschaftsmeister

Ernst Orth
Verpächter, Pionier der Mutterkuhhaltung & Hutangerbeweidung

Dipl. Ing. agr. FH Rainer Wölfel,
Betriebsleiter Hutangerhof,
Gebietsbetreuer Hutanger

Unser Weidebetrieb

Für den Naturschutz und die Biodiversität hat die Beweidung hohe Bedeutung. Forscher sehen ihren Rückgang als einen der Hauptgründe für den Insektenschwund an. Ein Schlüssel zur Erhaltung kleinstrukturierter, artenreicher Mittelgebirgslandschaften liegt in der Beweidung und wir nehmen uns dieser Thematik intensiv an. Unterstützung dazu kam vom BayernNetzNatur-Projekt „Hutanger in der Hersbrucker Alb".

Inzwischen ist aus den anfänglich angeschafften vier Kühen im Laufe der Zeit eine stattliche Herde mit fast hundert Tieren gewor-

den. Die Beweidung in kleinteiligen Kulturlandschaften gestaltet sich allerdings weitaus schwieriger und kostenintensiver als eine großflächige Beweidung. Es ist ein großer Unterschied, ob man eine Rinderherde auf einer einzigen Fläche mit 80 Hektar hält, oder ob man auf 70 Flurstücken mit insgesamt 80 Hektar mit sieben Herden arbeitet.

Nach vielen Jahren der „Pensionstierhaltung" bei einem Landwirt hat uns Ernst Orth aus Steinensittenbach angeboten seinen Betrieb zu pachten. Er war ein Pionier der Mutterkuhhaltung und der Wiederbeweidung von Hutangern. Seit 2018 sind wir mit unseren Tieren dort eingezogen und wollen ein Beispiel dafür geben, wie Beweidung dem Naturschutz nützt. Zu unseren Zielen und Aufgaben gehören: Wissenschaftliches Arbeiten, Öffentlichkeitsarbeit, Bildungsarbeit und die Information der Bevölkerung über die Zusammenhänge von Landwirtschaft und Naturschutz.

Rainer Wölfel, Naturschutzzentrum Wengleinpark e.V.

(1) Wacholder

(2) Bergahorn

(3) Alte Eiche

(4) Seidelbast

(5) Ungewöhnlich großer Weißdorn auf dem Hirtenanger in Steinensittenbach

(1)

(2)

(4)

(5)

„Die Höhe einer Kultur ist auch daran erkennbar, in welchem Maße sie dazu bereit ist, Natur und Wildnis zuzulassen."

Karl Heinlein, Vorsitzender des Naturschutzzentrums, seit 1976 im praktischen Naturschutz tätig

Die Vielfalt der Gehölze auf Hutangern

Durch Jahrhunderte wuchs bei regelmäßiger Beweidung auf sonnenexponierten Magerrasen der duftende, gegen Verbiss wehrhafte Wacholder.

Der Seidelbast ist ein typischer Buchenbegleiter auf kalkhaltigen Böden. Seine Bestäubung erledigen zeitig im Frühjahr vor allem Schmetterlinge wie Kleiner Fuchs, Tagpfauenauge, Zitronenfalter und C-Falter.

„Wildnis ist eine Absage an die Arroganz des Menschen."

Aldo Leopold (1887–1948), amerikanischer Forstwissenschaftler mit deutschen Wurzeln

„Ein alter Baum ist eines der bedrohtesten Lebewesen unserer Ökosysteme. Das Leben von vielen Vögeln, Fledermäusen, Insekten und Pilzarten hängt von alten Bäumen ab."

P. Scholz, Naturwald Akademie

Echter Widderbock

Wilde Anger: Im Totholz wird Wildes geboren

Das Mosaik der Landschaft sollte nicht nach verbreiteten menschlichen Ordnungsvorstellungen „aufgeräumt" werden, sonst könnte mit der Zeit mehr und mehr Wildes verschwinden – mit Folgen, die wir so nicht erwartet haben.

(1) Goldglänzende Rosenkäfer

(2) Hirschkäfer

(3) Kammschnake, Männchen mit fiederartigen Fühlern

(4) Schlupfwespe

(5) Kleiner Eichenbock

(1)

(2)

(4)

(5)

Eichen können tausend Jahre alt werden. Man sagt, sie sterben eben so lange, wie sie leben. Die Larven des Hirschkäfers, der mit stattlichen Fühlern geschmückten Bockkäferarten und der Kammschnake entwickeln sich im Altholz und im Mulm des Totholzes. Alte Eichen der Hutanger garantieren deshalb das Überleben heimischer Käfer.

Gefleckter Schmalbock

Leben aus totem Holz

Noch bleibt Hoffnung, dass der Hirschkäfer nicht in der Alb verschwunden ist. Er schwärmte einst an Frühsommerabenden in den Laubwäldern. Das Weibchen legt tief im Boden Eier ab. Die Larven benötigen durch Pilzbefall zermürbtes Holz, insbesondere von Eichen. Jahre dauert die Entwicklung der Raupen bis zur Verpuppung. Dann schlüpfen bald die Käfer, graben sich aber erst im Frühjahr nach oben und leben dort wenige Wochen für die Fortpflanzung.

(3)

(1) Schwarzspecht
Foto: Anton Steiner

(2) Kleiber können bekanntlich sogar kopfunter klettern.

(3) Grünspechte

(4) Buntspecht

(5) Mittelspecht

(1) Foto: Anton Steiner

(2)

(4)

(5)

„Um die Biodiversität in unserem reich strukturiertem Landkreis zu erhalten, ist beim Landschaftspflegeverein mehr Personal erforderlich. Zwei Teilzeitkräfte sind nur ein Tropfen auf den heißen Stein".

Dr. Karl Rauenbusch
Geschäftsführer des Landschaftspflegevereins Nürnberger Land e.V. seit dessen Gründung 1992

Alte Hutbäume stehen für Spinnen, Insekten und Vögel

Für alle ist der Tisch im Hutanger reich gedeckt. Die Natur bildet in ungeheuren Zeiträumen immer wieder ein ganz langsam fließendes, scheinbares Gleichgewicht mit nachhaltigem Bestand aus. Versucht der Mensch, kurzfristig einen Aspekt auf Kosten anderer zu optimieren, besteht große Gefahr, dass das Ganze kippt.

(3)

(1) Der Zunderschwamm befällt geschwächte Laubbäume.

(2) Steife Koralle, wächst im Laubwald, besonders auf Buchen.

(3) Helmlinge, ebenfalls „Folgezersetzer", decken ihren Kohlenstoffbedarf aus Bäumen.

(4) Der noch seltene Tintenfischpilz breitet sich neuerdings aus. Zum Transport seiner Sporen lockt er Fliegen und Mistkäfer an.

Pilze, die sich vom Holz kranker Bäume und faulendem Holz ernähren

Erst seit kurzem versteht der Mensch ansatzweise die große Bedeutung der Pilzarten im riesigen Kreislauf der Natur und bei der Versorgung von Baumwurzeln mit Wasser, Stickstoff und Phosphat. Wir sehen ja nur die Fruchtkörper der Pilze.

(3)

BLOCKHALDEN

Fels, Trockenrasen

Ausgedehnte Blockhalden unterhalb von Felswänden aus Werkkalk sind ein besonderes Landschaftselement des Albtraufs. Oft wurden sie als Hutanger genutzt und zeigen eine entsprechende Vegetation. Die neu herabstürzenden und die auf der Schicht des Ornatentons

quasi fließenden Kalkblöcke gewähren nur angepassten, lichtliebenden Pflanzenarten einen Standort zum Überdauern, unter anderem „Eiszeitrelikten", also Überbleibseln aus der Zeit vor über 10 000 Jahren. Ein Mikroklima mit jahreszeitlichen Kalt- und Warmluftaustritten

am Haldenfuß bzw. im Oberhang bietet gefährdeten Arten ein Refugium. Heuschrecken und Schmetterlinge, darunter viele Bläulingsarten, sind unterwegs. Das Kleine Ochsenauge, die Berghexe und der Apollofalter flogen hier bis vor wenigen Jahrzehnten.

Weißer Waldportier

Die inzwischen selten gewordene Gebirgsschrecke liebt das sonnendurchwärmte Gras und die Felsblöcke an der Houbirg.

Ein Platz an der Sonne an einem Meer aus Stein

Oberhalb der sonnenbeschienenen Halden und Felsen trocknen die Hänge durch warme Aufwinde aus. Dort wachsen Streifen von Ahorn-Linden-Wäldern mit einer reichhaltigen, wärmeliebenden Krautschicht, belebt durch eine Vielzahl

von Faltern. Unter ihnen kommt noch der sehr seltene Weiße Waldportier vor, der größte heimische Augenfalter. Mit zusammengeklappten Flügeln sitzend, ist der Edelfalter fast nicht wahrnehmbar.

Die Mehlbeere (Abb. re.) bleibt gerne randständig. Sie stellt bescheidene Bodenansprüche und muss sich dort beim Kampf um Licht und Wärme nicht so sehr der überlegenen größeren Bäume erwehren. Es gibt eine Mehlbeerenart, die nur in der Hersbrucker Alb vorkommt, also ein Endemit ist.

Im zertrümmerten Kalkgestein mit seinen Hohlräumen liegt die „Heimat" vieler Lebewesen.

Rutschende Gesteinsbrocken, langsam fließende Hänge

Blockhalden sind wie die sie überragenden Felsriffe von großer Bedeutung für bedrohte Reliktarten. Hier muss dem Steinschlag und dem „Fließen" des Hanges standgehalten werden. Das gelingt am ehesten Ulme, Linde und Ahorn, aber auch Stauden wie der Schwalbenwurz. In den beschatteten Randzonen, wo der Wald einzudringen versucht, gedeihen bei ein wenig Feuchtigkeit unterschiedliche Farnarten und sogar der seltene Hirschzungenfarn. Bewirkt die Stauschicht des Ornatentons ausreichend Feuchtigkeit, ist nicht selten der Feuersalamander anzutreffen.

Der inzwischen verschollene Apollofalter braucht zur Eiablage die Polster der Weißen Fetthenne, die in voller Sonne stehen müssen. Nur so entwickelt die Pflanze die richtigen Nährstoffe und taugt als Wirt für die Raupen.

Strenge Schönheit: Winterliche Blockhalde

Seit Urzeiten hat der Fluss, der hier im „Pegnitzknie“ nach Westen biegt, die kühnen Formen der Hohenstädter Geißkirche mitgestaltet. Bei Tauwetter kann man früh im Jahr das Klack-Klack der vom Frost abgesprengten Steine hören, wenn sie die Steilwand hinabfallen und unten einen vorläufigen Platz in der Blockhalde finden.

Im Frühjahr blüht nicht nur die Weiße Fetthenne in und an den Felswänden.

Karge Felswüsten, und doch voller Leben

In den Dolomitfelsen der Alb hält sich seit zehntausend Jahren eine aus der letzten Eiszeit stammende Flora, die es ansonsten fast nur noch im alpinen Bereich gibt. Auf geschützten Absätzen und in Klüften nisten eindrucksvolle, scheue Greifvögel und fliegen nach Beute aus.

Die schnellsten Jäger der Lüfte und die Beherrscher der Nacht

Der Einsatz des sich nur langsam abbauenden Insektengifts Dichlordiphenyltrichlorethan (DDT) in der Land- und Forstwirtschaft verursachte bei den Greifvögeln katastrophale Bestandsrückgänge. Seit dem Verbot im Jahr 1972 sieht man sie wieder mehr und mehr fliegen.

„Zunehmender Freizeitdruck, besonders durch die boomenden Natursportarten, hat negative Auswirkungen auf den Bruterfolg des Uhus. Ganzjährige Sperrungen der Brutfelsen sind erforderlich."

Friedrich Seger, seit 1970 ehrenamtlich im Uhuschutz tätig, langjähriger Vorstand bei der Bund Naturschutz-Kreisgruppe und der Ortsgruppe Hersbrucker Land

Wanderfalke und Uhu brüten in der Alb

... und bedürfen des Schutzes vor ihrem übermächtigen Feind, dem Menschen. Zwar darf er die Tiere nicht mehr wie früher bejagen und Jungvögel stehlen, aber er stört oft, ohne es direkt zu wollen, und schränkt den Brut- und Lebensraum dieser eindrucksvollen Geschöpfe mehr und mehr ein. Der Uhu, die größte Eulenart überhaupt, hat eine Flügelspannweite wie die menschliche Armspanne. Er brütet gern in den Felsen. Wer in der Abend- oder Morgendämmerung während der Balzzeit zwischen November und Januar eine stille Exkursion auf Blockhalden unternimmt, kann mit ein wenig Glück schaurig-schöne Rufe hören: Ein dumpfes „bu – hu" des männlichen Uhus oder das etwas hellere „u – hu" des Weibchens. Auch der deutlich kleinere Wanderfalke hat seinen Horst im Fels. Er schlägt mit Sturzangriffen die Beute in der Luft und erreicht dabei Geschwindigkeiten von hunderten Stundenkilometern. Auch für seine Brut ist der Uhu, der in der Nacht Nester ausnimmt, eine Gefahr.

Foto: Fotolia

Standorte: Alpen, Apennin, Karpaten, Pyrenäen – und Houbirg

Man sieht, weshalb der Kletterer eher mit dem Immergrünen Felsenblümchen in Kontakt kommt als der Wanderer. Hoffentlich hat er den Überblick und die Kraft, Rücksicht zu üben!

Extrem und sogar bei Minusgraden aktiv

Das Immergrüne Felsenblümchen klammert sich in Felsspalten oder klebt, oft zusammen mit der farbenfrohen Buchs-Kreuzblume, am Fuß der Kalkwände. Frost verträgt es ohne schützende Schneedecke, seine Fruchtschoten reifen selbst im Winter nach. Als ein abgehärtetes Relikt aus der letzten Eiszeit fängt es schon sehr früh im Jahr zu blühen an. Seit mehr als 10 000 Jahren lässt sich das winzige Blümchen nicht verdrängen – zu kühn liegen seine Standorte.

„Kein anderer Lebensraum ist in Deutschland auch nur annähernd so bedroht wie die Blumenwiese", schreibt der bekannte Naturfilmer Jan Haft.

*„Ich wünsche mir von politischen Mandatsträger*innen endlich mehr Engagement für den Schutz der heimischen Natur. Diese muss als unersetzbares Kapital und nicht als Planungshemmnis betrachtet werden."*

Heide Frobel
1.Vorsitzende BUND Naturschutz
Kreisgruppe Nürnberger Land

Halbtrockenrasen, Trockenrasen, Magerrasen

Der intensiven Landwirtschaft geht es um die Gewinnung von Biomasse zum Verfüttern. Statt der einstigen zwei Schnitte (erste Mahd und Grummet) im Jahr erlauben Mineraldüngung, Gülle und der Eintrag von Stickstoff aus der Luft bis zu sechs sehr früh beginnende Schnitte. An Gräsern, Blumen und tierischen Wiesen-

bewohnern verschwindet dadurch Art um Art. Je intensiver nämlich Wiesen genützt werden, desto geringer ist ihre Artenvielfalt.

In der Hersbrucker Alb entwickelten sich auf den Hutangern vielfältige Halbtrockenrasen, in Bereichen mit dynamischer Schuttnachlieferung auch Blockhalden. Deren Vegetation, wie die der Felsen und angrenzenden Trockenwälder, bewahrt Restbestände der urwüchsigen Hersbrucker Alb. Pflanzen und Tiere wanderten in die Hutungen ein, wo heute ihre wichtigen Rückzugsgebiete liegen.

(1) Kuhschelle, die Charakterpflanze kalkreicher, stickstoffarmer Weideflächen. Hier blühte sie früher zu Tausenden. Licht- und wärmeliebend, verschwindet sie bei Überdüngung unter dem Konkurrenzdruck anderer Pflanzen. Die noch halb geschlossene Blüte ähnelt einem Glöckchen, einer Schelle der Rinder. In der Verkleinerungsform wurde daraus die „Kühchen-Schelle".

(2) Schwalbenwurz, kann sich mit einem kriechenden Rhizom auch auf Geröll halten.

(3) Berg-Täschelkraut, auch Berg-Hellerkraut, ein seltenes, ausdauerndes Kreuzblütengewächs.

(4) Der Feldthymian, eine Heilpflanze, liefert ein typisches Alb-Aroma an heißen Tagen.

(5) Gefranster Enzian

(6) Kalkaster, auch Berg-Aster genannt

(7) Kugelblume, gehört zu den Wegerichen

(8) Golddistel, auch Kleine Eberwurz

(1)

(2)

(5)

(6)

Nährstoffarme Böden, im vollen Licht

Hier gedeihen nicht solche Pflanzen, die mit großem Nährstoffangebot zu dominierender Präsenz heranwachsen, sondern die anderen, dezenten. Wo so gut wie nicht gedüngt wird und die Krume spärlich ist, haben diejenigen ihre Chance, die

(3)

(4)

(7)

(8)

mit einem bescheidenen Angebot ihr Auskommen finden. Im Kleinen und Feinen zeigen sie ihre anrührende, oft zerbrechlich wirkende Schönheit. Hier kommen sie zurecht, werden nicht niedergehalten und verdrängt.

(1) Heidenelke

(2) Echte Mondraute, eine niedrigwüchsige, sehr seltene Farnart

(3) Schmalblättriger Hohlzahn

(4) Großblütiger Fingerhut

(5) Pfingstnelke, sehr selten – in den Alpen gibt es sie gar nicht.

(6) Deutscher Enzian

(7) Berglauch

(8) Die Silberdistel, ein Kennzeichen der Alb – und des „Fränkischen Albvereins“

Der dezente Charme der Albflora

(3)

(4)

(7)

(8)

Wenn man sucht und genau hinschaut, erfreut einen der Zauber der Alb auf Trockenrasen, in der Nähe von Blockhalden, in und an lichten Wäldern. Lassen wir Lebensraum für diesen Charme, tun wir etwas für ihn, indem wir nichts verändern, wo er zu finden ist - damit es so bleibt.

Kreuzenzian-Ameisenbläuling

Zur Abwehr von Fressfeinden ist die Schale des Eies so hart, dass das Räupchen sich nur an der Haftstelle am Blatt ins Freie und direkt zum Futter fressen kann.

Die erstaunliche Beziehung zwischen Bläuling, Enzian und Ameise zeigt exemplarisch, welches Maß an Vernetzung das Leben auf unserem Planeten aufweist und sicher auch braucht.

Kreuzenzian – Bläuling – Ameise: Eine Dreiecksbeziehung, mindestens

Der Kreuzenzian, die Wirtspflanze für die Raupen des Enzian-Ameisenbläulings, hat nicht viele Standorte in der Alb. Mit ziemlicher Sicherheit finden sich an ihm Eier des Ameisenbläulings. Seine Raupe nährt sich dort und lässt sich in der Hoffnung auf den Transport ins Nest einer bestimmten Art der Knotenameisen zu Boden fallen. Mittels Duft und Tönen kann sie den Ameisen vorgaukeln, dass sie nicht etwa gefressen werden darf, sondern als vermeintliche Königin durch den Winter gefüttert werden muss. Nach dem Schlüpfen im Frühjahr hilft dem Falter nur eilige Flucht.

Rotwidderchen und Grünwidderchen

Sie sind nur im Hochsommer anzutreffen.

Rechts oben ein Gelege von Eiern, die Raupe und ein Kokon.

Rechts unten ein Grünwidderchen. Man erkennt die gefiederten Fühler des Männchens, mit denen es weibliche Pheromone auf große Distanz wahrnehmen kann.

Nachtfalter am helllichten Tag

Was ein Nachtfalter ist, wird durch die Körperform festgelegt: Widderchen klappen die Flügel nicht aufeinander, sondern bilden eine Art Dach mit ihnen. Sekundär ist, zu welcher Tageszeit die Falter aktiv sind. Die standorttreuen Widderchen sitzen gern gesellig auf erhöhten Blüten.

(1) bis (3): Die Metamorphose des Taubenschwänzchens vom Ei über die Raupe zum Falter. Diese Schwärmerart mit langem Saugrüssel überwintert als einzige voll entwickelt. Das Taubenschwänzchen kann „wie ein Kolibri" in der Luft stehen.

(4) Der Hummelschwärmer ist wie alle Schwärmer ein ausgezeichneter Flieger. Auf der Speisekarte der Fledermäuse stehen Schwärmer weit oben.

(5) und (6): Jakobskrautbär, Raupe und prächtig gefärbter Falter. Die giftige Raupe nährt sich vom Jakobs-Greiskraut und imitiert die Warnfarbe der Wespe.

(7) Karden-Sonneneule, tag- und nachtaktiv. Es zieht sie ans künstliche Licht und damit, wie Myriaden von Nachtfaltern, oft in den Tod.

(8) Russischer Bär, auch Spanische Flagge genannt, ein auffälliger tagaktiver Nachtfalter.

Weitere Nachfalter, die sich auch bei Tag sehen lassen

In offenen Biotopen lebt eine unglaubliche Anzahl solcher Falter. Sie sind wichtig für die Bestäubung von Blüten – und stehen auf vielen Speisezetteln ... Die ausschließlich nachtaktiven Nachtfalter mussten leider zurückstehen, auch wenn es sehr schöne unter ihnen gibt.

(3)

(4)

(7)

(8)

(1) bis (3): Goldaugen-Springspinnen, (2) zeigt ein Männchen. Mit gut einem Zentimeter Länge gehören die Goldaugen zu den größten Springspinnen.

(4) Braune Springspinne

(5) Dunkler Sichelspringer

(6) Zebraspringspinne

(7) Große Felsspringspinne, äußerst selten

(1)

(4)

(5)

Springspinnen, Jäger ohne Netz

(2)

(3)

(6)

(7)

Sie ziehen zu Fuß nach Beute aus. Ruckartig pirschen die meist nur wenige Millimeter großen Spinnen über niedere Pflanzen oder Steine, bestens gerüstet mit großen, wie Scheinwerfer wirkenden Augen auf der Stirn sowie weiteren, die seitlich sitzen. So sind sie in der Lage, Insekten und andere Spinnen gezielt anzuspringen.

Ohne Spinnen würde das ökologische Gleichgewicht kippen. Als Jäger vieler Insekten halten sie die Käferpopulation in Grenzen. Umgekehrt sind sie Nahrung für andere Tiere, vor allem für viele Vogelarten.

Der Tod wartet auf der Blüte

Krabbenspinnen benötigen offene, blütenreiche Lebensräume. Die Weibchen sind in der Lage, die Körperfarbe an die jeweilige Blütenfarbe anzupassen.

An der Blüte eines Katzenpfötchens hängen eine Krabbenspinne und ihre Beute, beide garniert mit Ameisen.

Auch Krabbenspinnen spinnen kaum

Die extrem langen Vorderfüße der Krabbenspinnen wirken wie Scheren. Getarnt lauert die Spinne auf der Blüte und umklammert das Opfer tödlich, wenn es dort sein süßes Vergnügen sucht. Manche Arten können, wie auch bei den Springspinnen, einen Faden spinnen – als Sicherung gegen Absturz, um Beute zu verschnüren oder zur Paarung.

(1) Wildbiene

(2) Hummel und Holzbiene

(3) Wespe

(4) Blutbiene

(5) Sandbiene

(6) Seidenbiene

(7) Sand-Goldwespe

(1)

(2)

(5)

Wildbienen können oft schon ab März bestäuben, meist deutlich vor Sammelbeginn der Honigbienen. Jede schafft bis zu 5000 Blüten am Tag. Über die Hälfte der Arten ist allerdings gefährdet, da geeignete Lebensräume mit ausreichender Blütenvielfalt mehr und mehr fehlen.

Wildbienenvielfalt mit Hummeln, Wespen, Hornissen

Die allein lebenden Solitärbienen bilden die größte Gruppe unter den Wildbienen. Das Weibchen dieser „Einsiedler" füllt während seines vier- bis achtwöchigen Lebens bis zu dreißig Brutzellen mit Nektar und Pollen, legt je ein Ei hinein und verschließt alles mit Lehm. Bald schlüpft die Larve und ernährt sich vom gehorteten Proviant. Sie entwickelt sich übers

(3)

(4)

(6)

(7)

Puppenstadium zur fertigen Biene, überwintert aber noch in der Röhre. Viele Arten der Solitärbienen sind fürs Füllen der Brutzellen auf Pollen ganz bestimmter Pflanzenarten angewiesen. Die Kuckucksbiene macht sich's bequem: Sie legt – nach Art des namengebenden Vogels – ihr Ei in eine fertige, fremde Zelle, kurz bevor diese verschlossen wird.

(1) Rotflügelige Ödlandschrecke

(2) Warzenbeißer sind Langfühlerschrecken. Wegen ihrer ätzenden Verdauungssäfte erhoffte man sich früher Heilung vom Biss in eine Warze.

(3) Eine Heuschrecke schlüpft

(4) Gemeine Sichelschrecke

(5) Gewöhnliche Gebirgsschrecke; bei ihr sind die Flügel zurückgebildet.

(6) Feldgrille; die Männchen können mit fast 140 Schrillzähnen unermüdlich „singen".

Die Rotflügelige Ödlandschrecke ist eine Seltenheit und weit ringsum vom Aussterben bedroht. Wenn sie bei Gefahr im letzten Moment wegspringt, leuchtet das Rot ihrer Flügel auf – und ist mit der Landung wieder verschwunden. Geflecktes Steingrau hebt sie kaum mehr vom Untergrund ab.

Die Verbreitungskarte zeigt, dass auch die Gewöhnliche Gebirgsschrecke, eine ursprünglich alpine Art, landesweit eine Seltenheit und vom Aussterben bedroht ist.

(1)

(2)

Heuschrecken fühlen sich auf warmen Blockhalden wohl

(3)

(4)

(5)

(6)

Die spärliche Vegetation gewährt den aufheizenden Sonnenstrahlen freien Zutritt.

Alle Heuschrecken lassen sich in eine der beiden Gruppen Langfühler- oder Kurzfühlerschrecken einordnen. Das Wachstum macht eine mehrfache Häutung nötig. Die „Nymphen" haben aber bereits im Wesentlichen die Gestalt der „Imagines", der ausgewachsenen Tiere.

(1) Großes Ochsenauge, gehört zur Familie der Edelfalter

(2) Gelblinge bei der Paarung

(3) Rotbraunes Wiesenvögelchen und anfliegender Schwarzkolbiger Braun-Dickkopffalter

(4) Segelfalter; dieser große Ritterfalter kann in der Thermik ohne Flügelschlag segeln

(5) Mauerfuchs

(6) Kleiner Fuchs

(7) Magerrasen-Perlmuttfalter; dieser Edelfalter fliegt meist jährlich in zwei Generationen

(1)

(2)

(4)

(5)

Tagfalter offener Biotope

Füreinander erschaffen und für immer aufeinander verwiesen: Blüte und Schmetterling, lichttrunkener Schmuck der Lüfte und der Erde ...

(3)

(6)

(7)

Das Weibchen platziert bei vielen Arten die Eier an der genau passenden Wirtspflanze, wo dann die Raupen schlüpfen und fressen. Nach dem Wachstum mit mehrmaliger Häutung folgt die Verwandlung zur Puppe. Oft schlüpft daraus erst im nächsten Frühjahr der Schmetterling.

(1) bis (3): Nierenfleck-Zipfelfalter; (1) zeigt den Moment, in dem die winzige Raupe (2) aus dem Ei schlüpft, (3) ein Weibchen.

(4) Dukatenfalter

(5) Thymian-Ameisenbläuling

(6) Himmelblauer Bläuling; macht seinem Namen besondere Ehre

(7) Vogelwicken-Bläuling

(8) Kleiner Feuerfalter, gehört auch zu den Bläulingen

Schwebende Edelsteine in den Sommerlüften

Zipfelfalter, Feuerfalter und andere Bläulinge – sie sind wohl die letzten Elfen und Sylphen der Wälder und Fluren, lautlos, farbblitzenden Blüten gleichend. Die Männchen der höchstens mittelgroßen Tagfalter haben oft blaue Flügeloberseiten, sogar metallisch schimmernde. Es gibt aber auch ganz andere Tö-

nungen. Die Weibchen sind meist weniger auffällig gefärbt. Manche Arten haben am hinteren Flügelrand fühlerähnliche Schwänzchen. Damit versuchen sie, Fressfeinde in Bezug auf hinten und vorn zu irritieren und so vermeintlich von hinten anschleichende Angreifer zu bemerken.

Bei manchen Bläulingsarten leben die Raupen mit bestimmten Ameisenarten zusammen. Viele ernähren sich nur von einer bestimmten Pflanzenart, und es gibt extrem standorttreue Arten. Diese hochspezialisierten Falter sind deshalb anfällig bei Eingriffen in ihren Lebensraum.

(1) und (2): Gelege und Imago (ausgewachsenes Insekt) der Florfliege

(3) Mordwanze

(4) Raubfliege erbeutet Bläuling

(5) Ameise schleppt Assel

(6) Schwebfliege

(7) Sandlaufkäfer

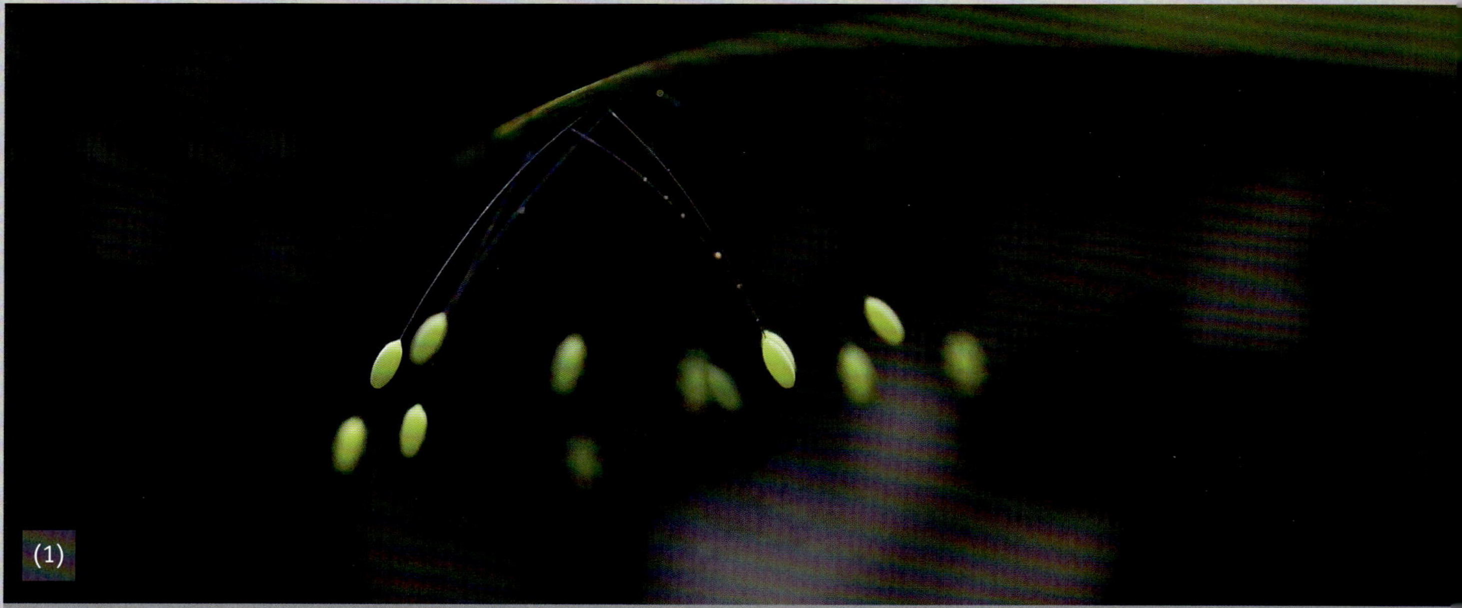

(1)

(4)

(5)

Was noch alles so fleucht und kreucht ...

... geht überwiegend auf Raub aus. Mit Bienen, Heuschrecken und Faltern hat sich die Welt der Insekten längst nicht erschöpft.

Hunderte Eier, an hauchdünne Stiele geklebt, legt das Florfliegen-Weibchen in der Nähe einer Blattlaus-

(2)

(3)

(6)

(7)

kolonie ab. Die geschlüpften Larven ernähren sich ausschließlich von Blattläusen. Mordwanzen töten durch einen Stich andere Insekten, die oft größer sind als sie selbst, und saugen sie aus. Sie können durch Schaben mit dem Rüssel einen leise zirpenden Laut erzeugen.

Raubfliegen können mit harten Stechborsten den Panzer von Käfern durchstechen. Der Speichel der Fliegen enthält ein Insekten tötendes Gift. Sandlaufkäfer jagen im Sommer mit kurzen Sprints Spinnen und kleine Insekten, sogar Bienen.

NATURNAHE WÄLDER

In der Alb ist naturnaher Wald noch verbreitet, mit Baumarten, die es seit Jahrtausenden hier gibt. Trotzdem kann ein naturnaher Wirtschaftswald keinen Naturwald ersetzen. Zum Erhalt der biologischen Vielfalt sind nicht genutzte Naturwälder, also zugelassene Waldwildnis, erforderlich. Solche Wildnis-Entwicklungsgebiete sind wichtiger Bestandteil des Biotopverbundes. Alte Bäume, stehendes und liegendes Totholz sind Lebensgrundlage für eine Vielzahl von Pflanzen und Tieren wie Moose, Flechten, Pilze, Käfer und Spinnen. Hierfür bieten sich die unzugänglichen bzw. schwer zu bewirtschaftenden Steilhang-, Blockhalden- und Feuchtwälder mit ihren sehr dynamischen Regenerationsabläufen an.

„Für biologische Vielfalt braucht es vor allem arten- und strukturreiche Wälder mit einem hohen Totholzanteil."

Burkhard Reuter,
Dipl.-Forstingenieur (FH),
Naturschutzberater Wald am
Naturschutzzentrum

In weiten Bereichen dominiert der Wald

Ein aufgelockerter Waldrand als Übergang zur angrenzenden Wiese ist für Insekten günstig; das Licht am Waldboden reicht für verschiedenartigste Gräser und Kräuter aus. Neben großen Buchenbeständen finden sich auch lichtere Eichen-Hainbuchen-Wälder. Die

Eichenwipfel bauen ein oberes Stockwerk auf, darunter bildet die schattenverträgliche Hainbuche – die ein Birkengewächs und nicht mit der Rotbuche verwandt ist – ein zweites. Winterlinde, Vogelkirsche, Esche, Feldahorn und andere Bäume können untergemischt sein.

Die frühere Nutzung als Waldweide oder das regelmäßige Zurückschneiden auf Mittel- oder Niederwald wegen des Holzbedarfs haben die Entstehung dieser Wälder gefördert.

Im Kainsbachtal: Harmonie und Schönheit der Bäche und Waldwege – kommen sie davon, weil sich die Zweige über Wasser und Weg hinweg berühren?

Feuersalamander

Überall ist Leben in den feuchten, schattigen Bereichen

Die Buche ist sehr präsent, tritt aber in Schlucht- und Hangmischwäldern zurück. Wo der Boden felsig und flachgründig wird, erobern Spitzahorn und Sommerlinde ihren Platz, im schattigeren Unterhang auch Bergahorn und Esche. Holunder, Johannis- und Stachelbeere, Ruprechtskraut, Ähriges Christophskraut und Berg-Flockenblume stehen im Unterwuchs. Zur charakteristischen Fauna gehören Schmetterlinge wie Ulmen-Zipfelfalter, Kleiner Eisvogel und Ulmen-Harlekin, bis vor wenigen Jahrzehnten auch der Blauschwarze Eisvogel. Wahrscheinlich ist er ausgestorben.

Das Mausohr

Die Kolonien des Mausohrs leben in den geräumigen und ungestörten Dachböden von Kirchen und Schlössern. Zur Insektenjagd fliegem die Tiere in die umliegenden Wälder. Den Winter verbringt diese Art in natürlichen Karsthöhlen, Kellern und Stollen.

Die Bechsteinfledermaus

Sie ist eine Charakterart alter und strukturreicher Laubmischwälder und steht europaweit unter besonderem Schutz. Die Wochenstubenkolonien der Weibchen mit ihren Jungen nutzen Specht- und Fäulnishöhlen, zum Beispiel in alten Eichen.

Darüber hinaus sind folgende Arten in unserer Alb nachgewiesen:

Bartfledermaus
Brandtfledermaus
Braunes Langohr
Fransenfledermaus
Graues Langohr
Großer Abendsegler
Mopsfledermaus
Mückenfledermaus
Rauhautfledermaus
Wasserfledermaus
Zwergfledermaus

Foto: Dr. Tilmann Ditting

Foto: Matthias Hammer

Geheimnisvolle Jäger der Nacht in unseren naturnahen Wäldern: Fledermäuse

Im Jahr 2018 wurden in den naturnahen Wäldern der Hersbrucker Alb mindestens elf Fledermausarten sicher nachgewiesen, von weiteren liegen akustische Hinweise vor.

Die Tiere jagen im Wald nach Insekten, etliche Arten nutzen die alten Bäume aber auch als Sommerquartiere zur Aufzucht ihrer Jungen. Die höchste Aktivität der Tiergruppe wurde im Schluchtwald des Molsberger Tals erfasst.

Matthias Hammer,
Koordinationsstelle für den Fledermausschutz in Nordbayern

Im Frühling gönnt der Buchenwald der Krautschicht und ihren Blüten Licht und Raum, bis beides mit zunehmender Beschattung durch den Laubaustrieb schwindet. Die Buche errichtet für den Sommer ein Dach, mit dem sie auch die eigenen Schösslinge vor zu greller Einstrahlung schützt.

Echtes Salomonssiegel

Südhänge mit wärmeliebendem Wald

In hochwüchsigen Buchenwäldern streben die Stämme wie schlanke Säulen eines gotischen Kirchenschiffs empor. In diesem „Hallenwald" gedeiht eine frühblühende, des sommerlichen Schattens bedürftige Krautschicht. Haselwurz, Waldmeister, Frühlingsplatterbse, Lungenkraut, Waldbingelkraut, Sauerklee und andere dürfen über den Sommer nicht zu stark austrocknen.

In Laubwäldern breiten früh im Jahr Buschwindröschen oder Lerchensporn ihren Teppich aus. Sie vergilben, sobald das Blätterdach sommerdunkel geworden ist. Dann treten oft Orchideen wie das Weiße Waldvögelein im Unterwuchs auf.

Erst Licht und Schatten, dann Laub und Humus

Die anpassungsfähige Buche kann gut 300 Jahre alt werden. Eine üppige Frühjahrsvegetation am Boden des Buchenwalds ist nicht selten. Bei ausreichender Feuchte wuchern, vor allem im unteren Hangbereich, oft Unmengen von Bärlauch. Fallende Blätter liefern im Herbst eine isolierende, Humus bildende Deckschicht.

(1) Jungbuchen

(2) Märzenbecher

(3) Scharbockskraut, noch winzig

(4) Lerchensporn

Das diffuse Licht des Wintertags zeichnet die Stämme als Schattenrisse. In Kristalle gehüllt sind Äste, Zweige und alles Filigrane am Boden.

Starre, Ruhen und Harren auf Wiederbelebung

(1)

(2)

(3)

(4)

Wenn die Sonne nur geringe Kraft hat, Luft und Boden eisig sind, braucht alles Lebendige Ruhe und muss sparsam haushalten mit seinem Vorrat an Lebenskraft.

Die Ungeduldigsten sind schon wieder bereit und haben trotz Schnee und tiefer Nachttemperaturen genug vom Warten ...

(1) Schuppen-Hundsflechte

(2) Rippenfarn

(3) und (5) Adlerfarn

(4) Becherflechte

Flechten, Farne

Auch im Schatten bringen Holz und Humus der Wälder verschiedenartigste Gestalten hervor. Eine fremde Welt, die wir gewöhnlich nur am Rand wahrnehmen ... Alle haben sie ihren Platz im großen, uralten Kreislauf des Walds.

(3)

(1) Erdsterne leben auf totem organischen Material; die Hülle des Fruchtkörpers platzt oft fast sternförmig auf, die entstehenden Lappen biegen sich nach außen.

(2) Der „Bovist" soll vom Entweichen des Sporenpulvers aus dem aufgeblähten Fruchtkörper seinen Namen haben: Die Füchsin hieß „vohe", „vist" war der Bauchwind. Der genaue Name des Pilzes lautet Flaschen-Stäubling.

(3) Schier unerschöpflich sind die Formen, gerade bei den Baumpilzen.

(4) Der Gelbe Schleimpilz wächst auf verrottendem Material und wird auch „Hexenbutter" genannt.

(5) Auch die rötlichen Blutmilchpilze gehören zu den Schleimpilzen.

(1)

(2)

(4)

(5)

Die vielgestaltige Welt der Pilze auf Holz und im Untergrund

Manche Pilzarten helfen im Kreislauf des Waldes beim Rezyklieren, andere tauschen mit einem riesengroßen, vollständig im Boden verborgenen Geflecht Nährstoffe und vermutlich auch Informationen aus. An der Oberfläche zeigt sich uns davon das wenigste.

(3)

(1) Nestwurz

(2) und (3): Weißes Waldvögelein

(4) Stendelwurz mit Bestäuber

(5) Schwertblättriges Waldvögelein

(6) Grünliche Waldhyazinthe

(7) Korallenwurz

(1)

(2)

(5)

(6)

Frauenschuh, im Aufblühen

Heimische Orchideen

In lichten Laubwäldern und an deren Saum wachsen gut zwei Dutzend Arten von Orchideen. Die zierliche Korallenwurz erkämpft sich ab Mai in nicht zu trockenen Buchen- oder Mischwäldern ihren Weg durch altes Blattwerk zum Licht. Sie deckt ihren Stickstoff- und Kohlenstoffbedarf symbiotisch mit einem Pilzgeflecht im Boden und kommt daher mit wenig Blattgrün aus. Auf Veränderungen am Standort reagiert sie äußerst empfindlich.

(3)

(4)

(7)

Kaum weicht der Schnee, beginnt das Blühen. Kommt er kurz zurück, stört das die widerstandsfähigen Märzenbecher auch nicht weiter. Das Amaryllisgewächs heißt auch Frühlings-Knotenblume.

„Auch Naturschützer und Forstleute sollten mehr Mut zur Wildnis haben".

Heinz Heinlein
Seit 1976 ehrenamtlich im Naturschutz tätig. Gründer des Hutangerprojekts. Langjähriger Vorsitzender der BN-Ortsgruppe Hersbrucker Land.

Sie läuten das Frühlingsblühen ein. Zu Tausenden.

Einst gab es häufiger in den Quelltuffbereichen der Alb, die gegen Trittbelastung äußerst empfindlich sind, die früh im Jahr blühenden Märzenbecher. Da die Pflanzen oft ausgegraben wurden, schickten manche Gemeinden eigens Aufpasser hinaus. Der damalige Besitzer des Algersdorfer Märzenbecherwaldes entsprach einer Bitte von Landrat Roiger, auf den Wald und die Blumen gut acht zu geben. Diese Zusage haben er und auch sein Sohn eingehalten. Der letzte Besitzer entschloss sich, den zauberhaften Wald in die Obhut des Naturschutzzentrums zu geben.

(1) Die Frühlings-Platterbse, ein Schmetterlingsblütler mit Schleuderfrüchten, zeigt sich vor allem in kalkhaltigen Edellaubwäldern, aber auch in Nadelmischwäldern.

(2) bis (4) Zweiblättriges Schattenblümchen mit Knospe, Blüte und Frucht

(5) Waldmeister bedeckt gern den Boden schattiger Rotbuchenwälder. Er gehört zu den Labkräutern und war einst unverzichtbar für die Mai-Bowle.

(6) und (7): Einbeere, Blüte und Frucht

(1)

(2)

(5)

(3)

(4)

(6)

(7)

Die Frühlingssonne bringt sie zum Blühen

Das Zweiblättrige Schattenblümchen zeigt im Frühsommer in nicht zu trockenen Wäldern seine winzigen weißen Blüten. Die reifen Beeren sind rot und giftig.

Die Einbeere ist stark giftig – allerdings nicht für Vögel, die ihre Frucht fressen. Einbeeren mit fünf statt vier Blättern sind so selten wie vierblättrige Kleeblätter.

(1) und (2): Schwarze Teufelskralle

(3) und (4): Zottiges Weidenröschen, Blüte und Fruchtstand

(5) Türkenbund

(6) Wald-Sanikel bleiben auch den Winter über grün

(7) Zwiebel-Zahnwurz

(1)

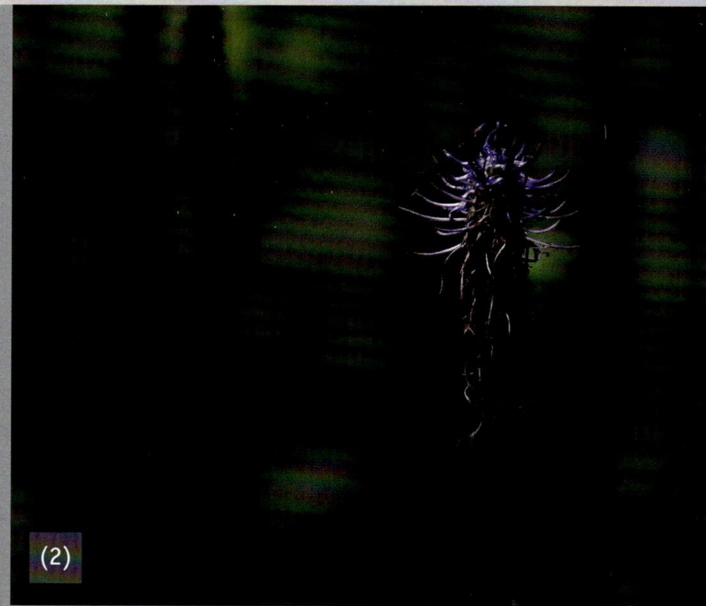
(2)

(5)

(3)

(4)

(6)

(7)

Augenweiden, Raritäten und mehr verstecken sich in den Wäldern der Alb

Die Schwarze Teufelskralle meidet Kalkböden und ist deshalb in der Alb selten. Gewöhnlich und trotzdem schön präsentiert sich das Zottige Weidenröschen, Wirtspflanze für Schwärmer und Spanner. Die edle Türkenbund-Lilie verströmt nachts einen schweren, süßen Duft. Ihre Hauptbestäuber sind langrüsselige Schmetterlinge, besonders Schwärmer. Die früh blühende Zwiebel-Zahnwurz kommt zerstreut in Buchenwäldern vor. In ihren Blattachseln sitzen Brutknospen, die der ungeschlechtlichen Vermehrung dienen.

(1) Wasserdost mit Faulbaum-Bläuling

(2) Behaarte Karde

(3) Echtes Salomonssiegel

(4) Tollkirsche

(5) Gelber Eisenhut

Naturnahe Wälder bieten vielen eine Heimstätte

(3)

Die nicht häufige Behaarte Karde wird mehr als einen Meter hoch und gern von Hummeln bestäubt. Wohlriechende oder Duftende Weißwurz sind weitere Namen des Echten Salomonssiegels, das zu den Spargelgewächsen gehört. Die Tollkirsche, ein Nachtschattengewächs, ehemals als Heil- und Giftpflanze in Gebrauch, wächst dauerhaft auf humusreichen, kalkhaltigen Böden. Zu Europas giftigsten Pflanzen zählt der Gelbe Eisenhut, ein Hahnenfußgewächs. Wegen seiner Verwendung in Giftködern hieß er auch Wolfs-Eisenhut. Den Insekten scheint er aber zu munden!

(1) Buchenkeimlinge

(2) Bergahorn

(3) Echter Seidelbast, blüht stark riechend früh im Jahr. Wenige Beeren können als tödliches Gift wirken.

(4) Sterbende Eiche

(5) Mit Eiben durchsetzter Laubwald

(6) Vier-„Mann"-Baum

(7) Zwergbuchs oder Buchs-Kreuzblume, wächst gern im felsigen Gelände

(1)

(2)

(5)

(3)

(4)

(6)

(7)

Von A wie Ahorn bis Z wie Zwergbuchs

Die Wurzeln der Eiben durchdringen verdichtete, steinige Böden. Das äußerst langsame Wachstum bringt eine lange Gefährdung durch Wildverbiss mit sich, aber es führt auch zur Qualität des Holzes, nämlich Zähigkeit und Härte. Die Stämme werden im Alter hohl, Jahresringe fehlen. Schätzungen zufolge leben Eiben an die zweitausend Jahre.

Gar nicht so selten an den Albhängen, doch immer wieder etwas Besonderes: Das Phänomen der wachsenden Steine.

Tuff-Quellbereiche in Schluchtwäldern

Die Bezeichnung Schluchtwälder umfasst auch die Waldgesellschaft an feuchten, schattigen Hängen. Dort wird der steile obere Bereich durch Wasser, Frost und Wurzelsprengung abwärts befördert, weshalb die Buche eine weniger dominante Rolle spielen kann. Es wachsen Edellaubhölzer wie Bergahorn, Esche und Sommerlinde, deren Wurzeln besser Gesteinsblöcke umspannen. Tritt am Unterhang kalkhaltiges Wasser aus und erwärmt sich, bilden sich moosbesetzte Sinterterrassen.

(1) Zweigestreifte Quelljungfer und (2) Feuersalamander fühlen sich bei Kalktuff-Quellen wohl. Den Schwanzlurch sieht man am ehesten bei oder nach Regen. Er liebt auch feuchte Hohlräume am Rand von Blockhalden. Dort lebt seine Nahrung, und er muss nicht unbedingt aus dem Versteck, um Asseln, Schnecken oder Würmer zu erbeuten.

Vereinzelt ist der seltene (3) Hirschzungenfarn zu entdecken.

(1)

(2)

(3)

„Wann lernen wir wohlsituierten Menschen Mitteleuropas endlich dazu, damit unsere Zukunft nicht bloß ein Kollateralschaden wird, der sich aus dem kurzsichtigen und selbstsüchtigen Umgang mit der Gegenwart ergibt?“

Hans Treuheit, Lehrer i.R., liebt die Hersbrucker Alb (und mehr)

Steinerne Rinnen

Aus den Hängen der Alb sprudeln Bächlein, die ihr Bett mit einer Tuffschicht auskleiden. Lässt eine wasserundurchlässige Schicht aus Ornatenton eine Quelle austreten, fällt der Kalk, der sich im versickernden Regenwasser gelöst hat, durch Erwärmung und Druckminderung wieder aus. Alles wird von einer weißen Kruste überzogen. Unter günstigen Bedingungen wächst manchmal millimeterweise ein Wulst aus Kalktuff in die Höhe, auf dem ein Rinnsal in einer moosbewachsenen „Steinernen Rinne“ zu Tal braust. Durch umstürzende Bäume und menschliche Rücksichtslosigkeit droht dem verletzlichen Gebilde große Gefahr.

DOLOMIT-KIEFERNWÄLDER

Jahrtausende zurück reicht die menschliche Nutzung der lichten, offenen Kiefernwälder auf den Kuppen und Hängen der Alb. Dolomitkiefernwälder sind neben den Hutangern ein weiteres überzeugendes Beispiel, wie Kulturformen und Natur harmonieren und wilde Ursprünglichkeit überdauern lassen können. Mehr als ein Dutzend Orchideenarten beherbergt diese Waldgesellschaft, und sie weist auch „Reliktstandorte" auf, an denen sich verdrängte Arten wie die Felsschaumkresse und der Rasensteinbrech halten können.

Als schmale, meist südexponierte Bänder sind den Kiefernwäldern Dolomitsand-Trockenrasen vor-

gelagert, wichtiger Lebensraum für Pflanzenarten, die auf gedüngten Wiesen nicht konkurrieren können. Heuschrecken und Tagfalter fühlen sich hier und an den offenen Waldsäumen wohl, so auch die Rotflügelige Schnarrschrecke mit ihrer stark rückläufigen Population. Die Gefährdung dieses Lebensraums erwächst unter anderem durch Sandentnahme, mehr noch aber aus der Nutzungsintensivierung angrenzender Agrarflächen mit Gülle- und Nährstoffeintrag, der – wie neuerdings sogar für Pestizide nachgewiesen – auch durch den Wind erfolgt.

(1) und (2): Der Kiefernschwärmer, ein großer Nachtfalter, dessen Raupen sich von den Nadeln ernähren.

(3) Sand-Strohblume, eine Besonderheit

(4) Waldanemonen

Eine tausendjährige Lebensgemeinschaft könnte verloren gehen

Dolomitkiefernwälder wurden einst als Waldweide genutzt. Der Waldboden blieb jedoch nährstoffarm, weil die Bauern Streu und Moos nebst dem Kot zur Misterzeugung einsammelten, als wertvollen Dünger für die Felder. Das Stroh war knapp und wurde überwiegend verfüttert.

Durch Unterpflanzung mit Laubhölzern erhöhen sich die Beschattung und der Nährstoffeintrag im Boden, auch die Fichte dringt immer mehr vor. So verschwindet mit dem Waldtypus eine besondere Flora und Fauna.

(1) Frauenschuh
(2) Ästige Graslilie

Der Baumweißling braucht Gebüsche im Übergangsbereich zwischen lichtem Wald und Offenland zum Leben. Seine Raupen mögen den Weißdorn.

Sanft wiegen sich unter den Kiefern die Lilien zwischen Gräsern

(1)

(2)

Mit ihren kleinen Sternblüten am blattlosen Stängel webt die grazile Ästige Graslilie einen Zauberteppich in den Dolomitkiefernwald. Zur rechten Zeit prangt darin auch das Rote Waldvögelein.

(1) Der Kleine Schlehen-Zipfelfalter gehört zu den Bläulingen

(2) Der Weiße Waldportier, ein rarer Edelfalter. Das Weibchen wirft die Eier im Flug ab.

(3) Brauner Eichen-Zipfelfalter, ebenfalls ein Bläuling

(4) Kleiner Schillerfalter, ein Edelfalter, dessen Farbspiel beim richtigen Lichteinfall besonders beeindruckt.

(5) bis (7): Thymian-Ameisenbläuling; (6) zeigt ein Ei und (7) den Falter im „abgeflogenen Alterszustand".

(1)

(2)

(4)

(5)

Unter lichten Kronen und im locker bewachsenen Offenland des Kalk-Magerrasens tummeln sich bezaubernde Falter

(3)

(6)

(7)

Zum Thymian-Ameisenbläuling lässt sich Analoges feststellen wie beim Kreuzenzian-Ameisenbläuling (Seite 80). Auch seine Raupen werden von Ameisen „adoptiert" und ernähren sich in deren Nest von der Ameisenbrut. Der Thymian-Ameisenbläuling ist stark gefährdet, hat aber mit den Dolomitkiefernwäldern einen überlebenswichtigen Verbreitungsschwerpunkt.

(1) und (5): Kriechendes Netzblatt, eine rare, unauffällige Orchideen-Schönheit, zu der man sich tief bücken muss.

(2) Purpur-Knabenkraut, stattlich, mit zartem Honigduft, selten und gefährdet.. Bestäuber – hier der Grünader-Weißling – gehen leer aus; es handelt sich um eine „Nektartäuschblume".

(3) und (4): Rotes Waldvögelein

(6) und (7): Grüne Hohlzunge, eine empfindliche, zierliche Orchidee, Besonderheit an lichten Waldsäumen oder Wiesenrändern. Nur zusammen mit einem bestimmten Pilzgeflecht im Boden sind ihre Samen keimfähig.

„Ursprünglich war das Wilde überall - der Mensch ein unbedeutender Faktor, der alles geben musste um zu überleben. Das Kräfteverhältnis hat sich umgekehrt. Wildnis beschränkt sich auf Restbestände, die wir bewahren müssen. Ohne wildes Leben kein Überleben."

Horst Lößl
Naturfotograf

(1)

(2)

(5)

(3)

(4)

(6)

(7)

Orchideen im Lebensraum Dolomitkiefernwald

Hier gedeiht mehr als ein Dutzend Arten dieser anrührenden Blumen, darunter als bekannteste der Frauenschuh. Auch Eiszeitreliktpflanzen wie Waldsteinbrech und Felsschaumkresse haben hier deutschlandweit einen Verbreitungsschwerpunkt.

Die Plumpschrecke (rechts oben), eine Langfühler-Heuschrecke, gibt es nur noch auf mageren Standorten mit dichter Vegetation, die vor Nachtfrösten schützt.

Die Violette Sommerwurz (rechts unten) ist selten. Sie wächst parasitär, wie alle Sommerwurze, vorwiegend an Schafgarbe.

„In nur drei Jahrzehnten sind die Steppenheide-Kieferwälder der Dolomitkuppen nach Aufgabe der traditionellen Nutzung und durch forstliche Maßnahmen auf ein Drittel ihrer Fläche von 1990 geschrumpft. Höchste Zeit für eine Wiederbelebung, noch ist es nicht zu spät!"

Dr. Claudia Hemp und
PD Dr. Andreas Hemp
Seit den 1980er Jahren erforschen die Zoologin und der Botaniker von der Universität Bayreuth die Tier- und Pflanzenwelt der Hersbrucker Alb

Besonnte Hänge säumen oft die Kiefernwälder

Säume und vorgelagerte Trockenrasen machen die Randbereiche der Dolomitkiefernwälder zum idealen Lebensraum für Heuschrecken, Tagfalter und botanische Raritäten wie Sandhornkraut, Sandstrohblume (Seite 136), Hauswurz (Seite 147), besondere Ehrenpreis-Arten und andere. Die ganz seltene Pfingstnelke (Seite 78) lockt Tagfalter an. Sie ist mit ihren kurzen Wurzeln gegen Trittbelastung und Verschmutzung sehr empfindlich.

(1) Unter Erdanrissen, vor Regen geschützt, liegen die sandigen Trichter des Ameisenlöwen.

(2) Die jagende Larve – sie ist der „Löwe"

(3) Die Ameisenjungfer, das erwachsene Insekt, entwickelt sich aus dem Löwen.

(4) Die stark gefährdete Rotflügelige Schnarrschrecke

(5) bis (6): Wolfsmilchschwärmer

(7) bis (8): Die Hauswurz, ein Dickblattgewächs

Dünen-Sandlaufkäfer ernähren sich von Insekten

Steinig, sandig, trocken – hier leben Spezialisten

Dem Wolfsmilchschwärmer hilft, was für die meisten anderen Gift ist: Das Weidevieh meidet die Zypressenwolfsmilch und erhält so die Haupt-Futterpflanze der stattlichen Raupen dieses großen Nachtfalters. Durch Warnfarben

(3)

(4)

(7)

signalisiert die Raupe Fressfeinden ihre Ungenießbarkeit und unterstreicht das durch ein großes, bedrohlich wirkendes „Analhorn".

(8)

UFER, AUEN – FEUCHTWIESEN

Entlang der Pegnitz, aber auch an kleineren Fließgewässern, gibt es Feuchtflächen, Flachmoore und schmale Auwälder. Durch die weitgehend nicht regulierte, naturnahe Flussdynamik mit einem hohen Grundwasserstand und häufigen Überschwemmungen überdauern diese artenreichen Lebensräume. Erlen und Eschen wachsen bis an die Wasserlinie, die Buche tritt zurück. Sowohl im oberen

Pegnitztal bei Neuhaus als auch im unteren bei Reichenschwand siedeln Wiesenbrüter, bis vor wenigen Jahrzehnten auch der Kiebitz und die Bekassine. Zu frühes Mähen lässt sie verschwinden. Spuren des Bibers sind seit einigen Jahren an vielen Stellen wieder zu sehen. Forellen und Hechte gibt es reichlich, und mit ihnen Reiher und hie und da den Kormoran.

Die stattliche Blauflügelige Prachtlibelle benötigt sauerstoffreiche, saubere und nicht zu warme Fließgewässer. Die Larven verstecken sich in der Vegetation des langsameren Uferwassers.

„Bei naturkundlichen Führungen, z. B. im Wengleinpark, erleben Schulklassen und Erwachsene oft ihre erste wirkliche hautnahe Begegnung mit einem Tier oder der Wildblumenwelt. Erkennen und Wertschätzen sind aber Grundvoraussetzung für den Umgang mit der Natur und den Einsatz für ihren Schutz."

Gerhard Schütz,
seit nahezu 50 Jahren im Naturschutz
und in der Umweltbildung aktiv

Das Pyrenäen-Löffelkraut zeigt selbst im Winter seine nieren- und herzförmigen Blätter. Nur in wenigen Kalkquellfluren siedelt diese extrem rare und streng geschützte Eiszeit-Reliktart noch.

Klein aber fein:
Munterer Wasserfall mit versintertem
Fels in Nähe der uralten Griesmühle

Die Gebirgsstelze bevorzugt schnell fließende, gern auch von Wald umgebene Gewässer mit vielen Insekten. Als Brutplätze verschmäht sie geeignete Stellen an Wehren, Brücken oder Mühlen nicht.

Die Bahn durchquert die Alb seit mehr als eineinhalb Jahrhunderten durch Tunnel und auf Eisenfachwerk-Brücken, die längst zum Bild des Pegnitztals gehören. Diese historischen Bauwerke bedürften der Pflege. Wie lange gibt es sie wohl noch?

Vom Durchbruch zum lieblichen Tal

Lebensader Pegnitz: Im Albdurchbruch bei Velden bis Rupprechstegen von Steilfels bedrängt, ab Hohenstadt in breiter Talaue mäandrierend und Altwasser bildend.

(1) Sumpfdotterblumen, aus der Familie der Hahnenfußgewächse, nur an sehr feuchten Standorten.

(2) Eisvögel setzen zur Unterwasserjagd von einer Sitzwarte oder vom Rüttelflug aus zum Stoßtauchen an.

(4) Die Teichralle, das „grünfüßige Hühnchen", ein Allesfresser. Es hat viele Feinde und ist nicht mehr so zahlreich anzutreffen wie einst.

(5) Das Milzkraut gehört zur Familie der Steinbrechgewächse.

(1)

(4)

(5)

Bachimpressionen

Die Bäche der Alb tragen meist Namensteile von Ortschaften oder Mühlen: Albach, Etzelbach, Hammerbach, Hirschbach, Högenbach, Kainsbach, Molsbach ...

Der Sittenbach ist der Seitenbach zur Pegnitz. Die spätmittelalterliche Vokalverschiebung von i zu ei machte man nicht mit.

(2)

(3)

(1) Wasseramsel

(2) Silberreiher

(3) Frühe Adonislibelle

(4) Blaugrüne Mosaikjungfer

(1)

(3)

(4)

Wasser und solche, die es ganz dringend zum Leben brauchen

Wasseramseln sind nicht näher mit den Amseln im Garten verwandt. Sie können sehr gut tauchen und jagen im Wasser Insekten, nehmen aber durchaus auch in Ufernähe an Land welche mit. Der Silberreiher mit seinem typischen strahlend weißen

(2)

Gefieder hat Flügelspannweiten von eineinhalb Metern. Die Frühe Adonislibelle ist eine bereits zeitig im Jahr schlüpfende Kleinlibelle. Die Blaugrüne Mosaikjungfer, eine große Edellibelle, lebt an stehenden und langsam fließenden Gewässern, macht aber auch weiter weg davon Jagdausflüge auf Insekten. Sie sticht die Eier in Pflanzen am Wasser ein. Dort bleiben sie über den Winter, die Larven entwickeln sich danach während der nächsten zwei bis drei Jahre im Wasser.

(1) Schlingnatter

(2) Waldeidechse

(3) Kreuzotter

(4) Ringelnatter

(5) Gelbbauchunke

(6) Feuersalamander

(1)

(4)

(5)

Lurche, Nattern, Ottern, Echsen ...

Jäger und Gejagte

Ottern sind Giftschlangen, manche sogar ziemlich giftige. Bei nicht zu dunkler Färbung erkennt man sie gut am Zackenband auf dem Rücken. Vor den Nattern braucht – außer Lurchen, Eidechsen etc. – keiner Angst zu haben. Die höheren Sympathiewerte scheinen allerdings fast immer die Gejagten zu erzielen.

(2)

(3)

(6)

Mein Name ist Apollo

Als die „Buchmacher“ noch junge Leut´ waren, bin ich um die sonnigen Felskuppen der Hersbrucker Alb gesegelt, hab’ mein Ei auf die Weiße Fetthenne gelegt, die unsere Raupen so sehr lieben, dass sie nichts anderes fressen. Wir saugten süßen Nektar, wir paarten uns hier, um wieder Eier zu legen und die Art zu erhalten. Gern lebten wir in der Alb, als sie noch richtig wild war. Aber das war einmal. Wir sind ausgestorben. Ihr Menschen seid euren Weg gegangen. Mehr Autos, mehr Straßen und Parkplätze, mehr Flieger am Himmel, mehr Komfort, mehr Geld. Mehr Glück? Habt ihr uns auf eurem Weg übersehen?

Foto: Anton Steiner

Heimische Arten – Artenschwund – ausgestorben

Ein unabdingbarer, sich weiter fortsetzender Prozess?

Die Berghexe ist bis zum Ende des 20. Jahrhunderts hier geflogen. Auch sie ist ausgestorben. Die Roten Listen der Vögel, Säugetiere, Spinnen, Insekten sind lang. Dort sind Arten aufgelistet, die kaum noch überleben oder die schon ausgestorben sind. Dabei wäre es bestimmt möglich, dass alle ein gutes Leben führen auf diesem Planeten.

Erkenntnis

Beweidung, wie sie Jahrhunderte lang betrieben wurde, führt zu vielfältigeren Strukturen in der Landschaft, zu glücklichen Kühen, zu besserer Milch- und Fleischqualität. Und der Reichtum wildlebender Arten kehrt zurück.

*„Wir sind als Art biologisch unentrinnbar
Teil der Natur – lebend an ihr Leben,
leidend an ihr Leiden, sterbend an ihr Sterben gebunden."*

Horst Stern (1922-2019)

Visionen

Welche Werte – kämen sie aus Landwirtschaft oder sonstiger Ökonomie, aus verbesserter Mobilität oder Tourismus – könnten für uns Menschen höher stehen als die Bewahrung einer intakten, reichhaltigen Natur, als deren Teil wir und nachfolgende Generationen in eine lebenswerte Zukunft blicken können?

Alle Entscheidungsträger im Landkreis, bei den Gemeinden und den staatlichen Stellen müssten darin wetteifern, der Natur wieder „ihren Zehnten" an wertvollen Flächen zu geben, von dem schon Michael Roiger sprach. Ihre Beschlüsse sollten die maßvolle Nutzung der Ressourcen widerspiegeln und so den Flächenverbrauch und die Zersiedelung einschränken. Ein zurückhaltender Einsatz technischer Mittel und Stoffe in Landwirtschaft und Gewerbe würde den Schutz von Luft, Boden und Wasser verbessern. – Ja, mit all dem wäre sicher ein tragfähiges Netzwerk fürs nachhaltige Überleben der Wilden Alb herzustellen! Das wäre der Königsweg zum Erhalt unserer Flora und Fauna und damit letztlich von uns selbst.

In alttestamentarischer Sichtweise durfte sich der Mensch die Erde untertan machen, sich zum Herrn über das chaotische Wilde erheben. Aber im selben Bibeltext will Gott ihn im Zorn auslöschen. Noahs Sippe bleibt verschont, unter der Auflage, fürs Überleben der Tiere genau so Sorge zu tragen wie fürs eigene Überleben. Eine Erzählung, die zum Nachdenken anregt ...

Bewahren wir die Wilde Alb! Erkennen wir ihren Wert, öffnen wir unsere Sinne für ihre Schönheit, üben wir das Hinschauen auf ihre Schätze. Betrachten wir ihre Gefährdung als ein ethisches und praktisches Problem, das jeden verantwortungsvollen Menschen angeht und zur Stellungnahme auffordert. Jede und jeder Einzelne kann mit der bewussten Wahrnehmung beginnen. Dieses Buch will dazu anregen.

Die „Buchmacher"

Karl Heinlein	Idee & Konzept
Rainer Wölfel	Beiträge Projekt Hutanger
Hans Treuheit	Text & Recherchen
Horst Lößl	Ideen, Layout & alle Fotos außer Thomas Geiger: S 4 ganz li, S 14 oben, S 16 li oben, S 18/19 groß, S 20/21 groß, S 27 oben, S 30/31 beide, S 34 beide, S 36 oben li, S 43 groß, S 46/47 groß, S 48 alle, S 70 ganz li, S 102 ganz li, S 152 oben li, S 156 oben li.
	Weitere Fotos sind namentlich gekennzeichnet.
Dr. Andreas Hemp	Wissenschaftliche Grundlagen
	Gastbeiträge sind namentlich gekennzeichnet.

Dank

Michael Roiger (postum)
Visionär des Naturschutzes in unserer Region

Heinz Heinlein
Vater des Hutangerprojekts

Bezirk Mittelfranken
für die langjährige Unterstützung
des Hutangerprojekts

Matthias Hammer
für die Mitarbeit im Beitrag Fledermäuse

Bund Naturschutz in Bayern e.V.

Verlag Pfeiffer Verlag u. Medienservice
GmbH&Co KG

Allen, die Hilfen gegeben haben und in Wort
und Tat den Erhalt der Wilden Alb unterstützen

Nicht zuletzt dem Förderer des Buches,
Bayerischer Naturschutzfonds

„Wir erleben dankbar mit allen Sinnen den Wert dieser erbaulichen Region. Mit Worten und Bildern, vor allem mit Freude, haben wir uns hier eingebracht."

Hans Treuheit, Horst Lößl